TROPEN

Niclas Seydack

GEILE ZEIT

Autobiographie einer Generation

SACHBUCH

Alles, was in diesem Buch steht, ist wirklich passiert. Nur nicht so, wie es beschrieben wird. Die Namen und die Menschen, die sie tragen, sind verfremdet. Viele Anekdoten sind verkürzt, verlängert und dramatisiert, in Ort und Zeit verschoben – und dennoch sind sie alle wahr. Um meine Geschichte zu beschreiben und um zu entlarven, was Menschen prägte, die ungefähr zum gleichen Zeitpunkt wie ich geboren wurden, habe ich mich entschieden, die diskriminierende Sprache der Welt zu reproduzieren, von der ich erzählen will. Diese Sprache ist gewaltvoll. Sie ist sexistisch und queerfeindlich. Sie ist von rassistischen und klassistischen Worten geprägt. Von diskriminierenden Vorstellungen über Körper. Sie bagatellisiert körperliche und psychische Krankheiten. Nur wenn ich klar und ehrlich benenne, wie diese Sprache unser Denken prägte und dieses Denken unsere Sprache bis heute prägt, können wir uns wirklich davon befreien.

Tropen
www.tropen.de
© 2024 by J. G. Cotta'sche Buchhandlung Nachfolger GmbH,
gegr. 1659, Stuttgart
Alle Rechte vorbehalten
Cover: Zero-Media.net, München unter Verwendung eines Fotos
von © Tigran Hovhannisyan Photography, Berlin nach einer
Idee von Ann-Marie Domnig
Gesetzt von C.H.Beck.Media.Solutions, Nördlingen
Gedruckt und gebunden von GGP Media GmbH, Pößneck
ISBN 978-3-608-50260-2
E-Book ISBN 978-3-608-12352-4

Bibliografische Information der Deutschen Nationalbibliothek
Die Deutsche Nationalbibliothek verzeichnet diese Publikation in der
Deutschen Nationalbibliografie; detaillierte bibliografische Daten
sind im Internet über http://dnb.d-nb.de abrufbar.

Inhalt

AUTOBIOGRAPHIE

Hast du geglaubt, hast du gehofft, dass alles besser wird? / Hast du geweint, hast du gefleht, weil alles anders ist? / Hast du die Scherben nicht gesehen, auf denen du weiter gehst? / Ja, ich weiß, es war 'ne geile Zeit

(Juli)

Auf dem pfirsichfarbenen Teppich in meinem Kinderzimmer beschossen sich die Piraten aus dem Lego-Set Insulaner Tropenlagune und die Astronauten vom Raumgleiter Centurion. Pewpewpew. Natürlich triumphierten die Laser über die Musketen.

Darüber bekam ich gar nicht mit, wie sich meine Eltern drüben im Wohnzimmer Sorgen machten. Deutschland, der *kranke Mann* Europas. Statt der Wirtschaft wuchs die Zahl der Arbeitslosen. Es gebe »kein Recht auf Faulheit«, sagte der Kanzler. Basta.

Das kleine Dorf, in dem ich aufwuchs, liegt unweit der Ostsee. Ein paar Hundert Erwachsene, die wie überall in Deutschland in Doppelhaushälften wohnten, mit einem Garten davor oder dahinter, dessen Rasen permanent gemäht werden musste. Die meisten Familien hatten zwei Kinder, manche drei oder noch mehr. Jedenfalls war immer jemand zum Spielen da.

Mein Kreis, das waren Malte, Yannick, Marius und ich. Mädchen gab es, soweit ich wusste, auch im Dorf. Die interessierten sich aber vor allem für den Reiterhof mit den Islandpferden.

Meist ging einer von uns zum anderen und klingelte.

»Kann Malte rauskommen?«

Konnte er immer. Zu zweit ging es zum Nächsten. Und wenn wir vollzählig waren, merkten wir, dass wir überhaupt nicht wussten, was wir jetzt eigentlich machen sollten.

Vorbei an der einzigen Bushaltestelle, besorgten wir uns beim Dorfbäcker eine Tüte saure Schnüre. Im Wald dahinter suchte ich nach einem Stock, der sich als Schwert eignete, und prügelte damit den Bäumen die Rinde weg. Malte pinkelte auf Ameisenhaufen und lachte über das panische Ausschwärmen der Krabbelarbeiter, die versuchten, ihre Königin vor dem goldenen Regen zu schützen. Ich schubste Yannick in die Brennnesseln. Yannick schubste Marius in den Dorftümpel, wir lachten. Es war nicht schlimm, weil in unseren Hosentaschen weder Geldbeutel noch Handys waren. Nichts von Wert. Nichts, was hätte kaputtgehen können.

Manchmal konnte keiner. Manchmal durfte selbst Malte nicht raus und ich saß zu Hause.

So wie an diesem Nachmittag im September.

Unser Familiencomputer war von Medion – eigentlich Aldi, aber das zu sagen, galt noch als peinlich: *Wir sind ja nicht bei armen Leuten.* Dieser Computer war jedenfalls in eine ausziehbare Schrankwand integriert. Darin verfügte jedes Gerät über ein eigenes Fach: die Maus, die Tastatur, der Drucker. Und das Gamepad, auf das ich lange gespart hatte.

Microsoft SideWinder Freestyle Pro. Den Namen sagte ich oft vor mich hin. Ich hatte mir das von den Erwachsenen abgeguckt, die zärtlich Namen von Autos, Schuhen oder Uhren heraufbeschworen: Ferrari. Louboutin. Omega Seamaster 600.

Bevor ich den Tower-PC lässig mit dem großen Zeh einschaltete, rotzte ich die Hausaufgaben hin: Zeichne das

Netz eines Quaders mit folgenden Maßen. Die Buchstaben der Ägypter heißen: Hieroglyphen. My name is Niclas, I am eleven years old.

Bei FIFA übte ich Fallrückzieher mit Márcio Amoroso, meinem Lieblingsspieler. Ich spielte, bis meine Schwester endlich mit ihren Talkshows durch war. Bis ich vor den Fernseher durfte. Bis Pokémon losging. Das Intro sang ich immer mit.

Ich will der Allerbeste sein / Wie keiner vor mir war

Meine Schwester verdrehte die Augen, aber die hatte ja auch keinen Plan, wie geil das war: Pokémon gucken. Dazu eine Schale Cini Minis mit warmer Milch aus der Mikrowelle.

Ganz allein fang ich sie mir / Ich kenne die Gefahr!

Ich kenne die Gefahr. Von wegen.

An diesem Tag saß meine Schwester nicht vor ihren Talkshows. Keine Messie-Eltern bei Andreas Türck, die ihre Teenagertöchter anschrien, weil die wie »Schlampen« rumliefen. Keine Männer mit Igelfrisur bei Arabella, die jubelten, nachdem sie ein Vaterschaftstest als Erzeuger ausgeschlossen hatte. Es liefen Nachrichten. Hä, musste meine Schwester die für die Schule gucken oder was?

Ich sah, wie ein Flugzeug in ein Hochhaus flog.

Schon das zweite, sagte meine Schwester. Das zweite Flugzeug, das zweite Hochhaus. Ich sah, wie einer von ganz oben rausprang, aus dem 26. oder dem 111. Stock. Ich hatte so hohe Gebäude noch nie in echt gesehen oder gar betreten. Der Nächste sprang. Er breitete die Arme aus, als würde er einen Fallschirm tragen, aber er trug keinen.

Das war live.

Wieder sprang einer. Die Arme über Kreuz, die Hände an den Schultern. Er machte die Kerze. So wollte ich eines Tages vom Zehnmeterturm springen.

Die Körper fielen schnell. Zu schnell für die Kameras, die sie verfolgten. Wie sie aufkamen, sah ich nicht. In den Straßen flackerte Blaulicht. Die Menschen waren voller Staub und Blut.

Eines der Hochhäuser stürzte ein. Nicht krachend und in alle Richtungen wie der Jenga-Turm auf unserem Wohnzimmertisch. Das Hochhaus im Fernsehen stürzte ganz ordentlich ein. Stockwerk für Stockwerk. Bis keins mehr übrig war.

»Kannst du kurz RTL II anmachen?«

Meine Schwester schaltete um. Pikachu elektroschockte Team Rocket, sie flogen, wie in jeder Folge, in den Himmel: »Das war mal wieder ein Schuss in den Ooooofen!« Am Abend feierten die Fans von Borussia Dortmund, meinem Verein, im Kiewer Olympiastadion den späten Ausgleich von, natürlich: Márcio Amoroso.

Bei Pokémon und im Fußball drehte sich die Welt weiter. Als wäre nichts. Die Politiker in der Tagesschau sagten: »Die Welt ist nun eine andere.« Was stimmte – das eine, das andere oder sogar beides –, ich wusste es nicht. Meine Eltern brachten mich ins Bett und ich bekam einen stummen Gutenachtkuss. Auch sie wussten es nicht.

Am nächsten Morgen stand ich in der Schulaula, in der wir uns zuvor noch nie versammelt hatten. Die Sommerferien waren gerade erst vorbei, mein Schulwechsel von der Grundschule auf das Gymnasium war eine Woche her. Der Direktor sagte, wir würden nun eine Schweigeminute für die Opfer abhalten. Ich fühlte mich unwohl, ich wusste nicht, woran ich in der Stille denken sollte. Den Tod kannte ich nur aus König der Löwen, als Simba seinen Vater anstupste, bis er verstand, dass der nie wieder brüllen würde. Ich schaute zu Boden, auf meine Schuhe: *Geox, der Schuh, der atmet.* Eine Minute war mir noch nie so lange vorgekommen wie diese.

Ich sehe das Kind, das ich war. Eigentlich sollte es Animes auf RTL II gucken. Mit seinen Freunden im Wald umherstreifen, mit Stöcken Bäume entrinden und auf Ameisenhaufen pinkeln. Stattdessen gedachte es Tausender von Toten in eingestürzten Hochhäusern auf der anderen Seite des Atlantiks.

ᐧ

In die Freundebücher, die bei uns im Dorf rumgingen, schrieben wir, was wir von der Zukunft erwarteten. Die Mädchen schrieben, dass sie mal Dressurreiterin werden wollten. Tierärztin. Kindergärtnerin. Model. So was Langweiliges halt. Malte, Yannick und Marius schrieben Feuerwehrmann, Autoschrauber und Astronaut. Wenn man nur fest dran glaubte, konnte man alles schaffen. Klappte in jedem Disneyfilm so. Die anderen träumten schon von Karriere, ich schrieb: Müllmann. Die fuhren mit Hydraulikkipplader, außerdem kloppten Müllmänner die heftigsten Sprüche.

»Regen ist doch nur flüssige Sonne.«

»Verlass dich auf andere und du bist verlassen.«

»Die ersten fünf Tage nach dem Wochenende sind die schlimmsten.«

Mit meinen Müllmannsprüchen war ich in der Schule der Größte. Ich stellte mir vor, wie gut ich erst als Erwachsener damit ankommen würde. Das geht nicht, sagten meine Eltern. Müllmann sei ein Beruf für Dumme. Passte doch zu mir.

Vor meinem Schulwechsel hatten wir einen Brief nach Hause bekommen, der für Diskussionen sorgte. Herr Holm-Reichert sprach eine Empfehlung für eine weiterführende Schule aus. Das Gymnasium traute er mir nicht zu. Ich störte oft seinen Unterricht. Zappelphilipp, Zappelphilipp. Im Brief stand: *mangelnde geistige Reife*. Zum Glück verschrieb der Kinderarzt, den meine Eltern ausgesucht hatten, Ritalin nicht so leichtfertig wie seine Kollegen.

Meine Eltern entschieden sich, Herrn Holm-Reichert zu überstimmen. Ich sollte, was sie gewollt, aber nie gekonnt hatten: studieren. Aus ihrem Jungen sollte *etwas Anständiges* werden.

⌐

Es wurde Frühling, Pokémon lief wieder, VIVA, TV total und die Talkshows meiner Schwester. In den Tagen nach 9/11 hatten alle lustigen Shows ausgesetzt. Alle waren sehr ernst. Nur Márcio Amoroso schoss weiter freudig Tore.

Zusammen mit meinem Vater richtete ich mein Zimmer neu ein. Wir strichen die Wände und fuhren dann zu IKEA. Die Möbel, die ich aussuchte, kann man nur schön finden, wenn das Gehirn von den ersten Testosteronschüben vernebelt ist: Pax, Billy, Lack und Poäng, alles in Schwarz. Der pfirsichfarbene Teppich durfte bleiben. Ich hing an ihm, ich hatte ihn mir schließlich selbst ausgesucht. Damals hatte ich auf jedem Teppich im Baumarkt Probe gelegen und den kuscheligsten ausgesucht.

Mir fiel erstmals der EMP-Katalog in die Hände. Darin gab es Poster und Shirts, die exakt meinen Humor trafen. FBI – Female Body Inspector. Logos der Bands, die ich toll fand, zum Aufnähen auf meinen Eastpak-Rucksack. Internetzeugs als echte Objekte, Pikachu-Kuscheltiere und Dragonball-Kaffeetassen. Es gab darin sogar Möbel. Ich bettelte so lange um einen Minikühlschrank, bis ich ihn bekam. Hätte ich noch diesen Spiegel mit der Jack-Daniels-Prägung und würde all die leeren Axe-Deodosen aus der Sammeledition auf dem Regal anrichten, dann wäre mein Zimmer, nein, dann wäre mein ganzes Leben: perfekt.

Kurz nach den ersten Osterferien, nur ein halbes Jahr nach der Sache mit den Flugzeugen, riefen sie uns wieder in die Schulaula. Wieder eine Minute schweigen. Wieder gedenken. Diesmal war es nebenan passiert. Die Toten waren Kinder. Schüler. Wie wir.

Ein Polizist erklärte uns in der Aula, was wir machen sollten, wenn ein Mitschüler versuchen würde, uns zu erschießen. Wie am Gymnasium in Erfurt.

Frau Schwarz, bitte ins Sekretariat. Frau Schwarz, bitte. An unserer Schule gab es keine Frau Schwarz. Diese Durchsage war ein Code für uns: Runter vom Flur. Tür abschließen. Wenn das nicht ging, einen Stuhl unter die Klinke stellen. In den toten Winkel der Fenster. Unter die Tische. Schulranzen sammeln und, falls möglich, zu einem Wall aufschichten. Licht aus, ganz, ganz leise sein. Warten. Bis er kommt. Also der Polizist. Er würde den Amokläufer dann erschießen. Unseren Mitschüler.

Angst vor, sagen wir, Hornissen war nachvollziehbar. Sieben Stiche können ein Pferd töten, drei einen Menschen. Angst vor schlechten Zähnen. Schlechten Noten. Vielleicht noch, wenn man wie ich viel zu früh Final Destination gesehen hatte: Angst vor Holzlastern auf der Autobahn. Aber Angst vor unseren Mitschülern?

Es wurde über Metalldetektoren an den Schuleingängen diskutiert. Videoüberwachung. Einen privaten Sicherheitsdienst. Die Schule als Festung.

Auf dem Weg in den All-Inclusive-Urlaub nach Antalya mussten wir drei Stunden vor Abflug da sein. Shampoo und Zahnpasta in einen durchsichtigen Beutel packen. Eilig die Wasserflaschen leeren. Gürtel und Schuhe aus!

»Lassen Sie Ihr Gepäck nicht unbeaufsichtigt.«

Diese Durchsage gab es schon vorher. Jetzt klang sie nicht mehr nach Routine. Jetzt klang sie nach Gefahr. Als sei in jedem verwaisten Koffer Sprengstoff. Es war kein völlig abwegiger Gedanke, am Flughafen oder in der Schule erschossen oder von einer Bombe erfasst zu werden. War ich überhaupt noch irgendwo sicher?

Massenvernichtungswaffen.

Guantánamo.

Die Achse des Bösen.

Beim Krieg in dem einen Land machten wir mit, beim Krieg in einem anderen Land nicht. Mein Vater versuchte, mir all das zu erklären. Dabei saß ich auf seinem Schoß, obwohl ich mich dafür zu alt fühlte. Ich verstand gar nichts. Außer: Es werden keine Soldaten und keine Terroristen in unser Dorf kommen. Ich fragte mich, wie er sich da so sicher sein konnte.

Ihm war wichtig, dass ich dabei war, wenn er Tagesschau guckte, um möglichst viel über die Welt zu erfahren. Ständig passierte irgendwo irgendwas Schlimmes. In Madrid explodierten mehrere Bomben am Bahnhof. Wollten wir da nicht in den Ferien hinfahren? Und in der Londoner U-Bahn. Wollte ich da nicht in den Sommerferien zur Sprachschule?

In so einer Medienstation im Saturn hörte ich oft in aktuelle CDs rein. Dabei hatte ich einen Song entdeckt, den ich unglaublich toll fand. Es war keine Elternmusik, die ich mithören musste. Keine Rolling Stones, kein AC/DC. Keine Lieder, die ich nur in Fantasiesprache mitsingen konnte. Hier sang eine Frauenstimme, und ich verstand sie. Es klang, als sänge sie für mich, oder zumindest für jemanden, der ich einmal sein könnte.

Jetzt kommt sie langsam auf dich zu / Das Wasser schlägt dir ins Gesicht / Siehst dein Leben wie 'n Film / Du kannst nicht glauben, dass sie bricht

Ich war verknallt, zum ersten Mal. Die hübsche Sängerin hieß Eva und hatte einen Nasenring. Eva Briegel. Und ihre Band hieß Juli.

Der Song lief ständig im Radio und in Dauerschleife auf meinem iPod. Es war so übertrieben geil, Musik unter meinen Alltag zu legen. Ich konnte mein Leben inszenieren. Beim Radfahren zur Schule mit dem richtigen Song von The Offspring kam ich mir vor wie ein todesverachtender Dirt-Bike-Fahrer. Kein Mensch spürte den Herzschmerz so wie ich, wenn ich innen am Busfenster mit dem Finger die Regentropfen nachzeichnete und Eamon dazu sang:

Fuck all those kisses, they didn't mean jack / Fuck you, you hoe, I don't want you back

Die richtige Musik machte das Einkaufen bei Rewe zum Abenteuer. Sie übertönte sogar meine Angst. Und auf der ruf-Jugendreise in Südfrankreich spielten sie Juli jeden Abend in der Disco. *Die perfekte Welle.* Der Hit unseres Sommers. Der erste Hit meines Lebens.

Im folgenden Winter, kurz nach Weihnachten, schaute ich mit meinem Vater die Tagesschau. Ein Seebeben im Indischen Ozean hatte einen Tsunami ausgelöst. Eine Viertelmillion Menschen starb. Der Song wurde nicht mehr im Radio gespielt. Und auch auf meinem iPod sang die Sängerin nicht mehr für jemanden, der ich einmal werden könnte. Sie sang keinen Song, zu dem wir in vielen Jahren auf Hochzeiten tanzen würden, weil er uns voller Sehnsucht an früher erinnern würde. Sie sang von Zerstörung. Von Elend. Von Leid.

⅂

Ich war lange eines dieser Kinder mit Augenpflaster gewesen. Es war notwendig, weil ich schielte. Einer meiner Augenmuskeln entwickelte sich langsamer als der andere. Aufholen konnte der Nachzügler nur, wenn er allein arbeitete. Also musste ich mir das Auge mit dem stärkeren Muskel abkleben. Natürlich klebte da kein medizinisches Pflaster in neutralem Braun, sondern eins mit Dinos drauf. Meine Mutter fand das enorm putzig. Was ich davon hielt, war ihr egal.

Sie fand es auch enorm putzig, mir alle paar Monate einen Kochtopf auf den Kopf zu setzen. Den musste ich festhalten, während sie eine Haushaltsschere aus der Schublade holte, mit der sie sonst Blumenstiele kürzte oder fertig portionierten Parmesan öffnete. Dann schnitt sie mit der Schere einmal um meinen Kopf. Heute heißt so was Bowl Cut. Menschen lassen sich den freiwillig schneiden. Damals nannte man es Pisspottschnitt.

Zum Ende der Grundschule war das Pflaster weg, ich durfte endlich zu einem echten Friseur gehen. Der Wechsel auf das Gymnasium war meine Chance, neu anzufangen. Neu zu beweisen, was ich wert war. Bemessen in der einzigen Währung der Welt: Coolness. Körperlich war da nichts zu machen. Wie mein Augenmuskel war mein gesamter Körper viel zu schwach. Mir blieb nur eines, um innerhalb der Klasse aufzusteigen: der Job des Klassenclowns.

Mein Vater war auf der Arbeit neuerdings *digital unterwegs*, so richtig mit Computer und E-Mails. Also hatte er mir sein altes Diktiergerät überlassen. Ich saß in meinem Kinderzimmer und rülpste immer wieder in das Gerät hinein. Danach hörte ich mir die Aufnahme an. Leise und schwach klang es. Ich war unzufrieden. Das konnte ich doch besser! Also experimentierte ich. Stellte fest, dass ohne ordentlich was im Magen und reichlich Kohlensäure gar nichts ging. Meine Rülpser wurden erst dann tief und laut, wenn ich vorher mehrere Krabbenbrötchen und einen Liter Cola zu mir genommen hatte.

»RÜÜÜLPS.«

Das perfekte Geräusch. Ein Kunstwerk. Von mir festgehalten. Für alle Ewigkeit.

Allein saß ich auf dem pfirsichfarbenen Teppich in meinem Zimmer und spielte es glücklich den Legofiguren aus dem Raumgleiter Centurion vor. Sie staunten über mich.

Aber außer ihnen wusste niemand von meinen Experimenten. Das musste ich ändern.

Malte erzählte in der ersten Pause, was er Langweiliges mit seinen Eltern am Wochenende unternommen hatte – »RÜÜÜLPS«. So harsch unterbrochen, war Malte natürlich blamiert. Die anderen konnten nicht mehr. Wie ein Westernheld steckte ich das Diktiergerät zurück in die Hosentasche.

Im Verlauf des Schultags würden mir jedoch gleich mehrere schmerzhafte Lektionen erteilt werden. Erstens: Was einmal ein großer Lacher war, blieb es nicht automatisch. Schon am Ende des Schultags, wenige Stunden nach der großen Premiere, löste mein »RÜÜÜLPS« bei den anderen rein gar nichts mehr aus. Zweitens: Malte hasste Witze, bei denen er der Dumme war. Nach Schulschluss stieß er mir mehrfach sein Knie in den rechten Oberschenkel. Wie besessen trat er zu: »EISBEIN! EISBEIN! EISBEIN!« Endlich ließ er mich nach Hause humpeln.

Ich musste nachlegen, musste mich selbst toppen, wenn ich wirklich der Klassenclown werden wollte. Ich überlegte, plante, wog ab. Wovon hatte ich am meisten Ahnung und woran die größte Freude? Fußball und – und, und, und? Na klar: Schimpfwörter. Aber es hakte daran, dass ich nicht wusste, was ich daraus machen sollte. Witze gegen meine Freunde, vor allem gegen Malte, kamen nicht gut. Sie führten zu Schmerzen. Ich brauchte etwas, bei dem wir gemeinsam ablachen konnten. Also erfand ich eine Talkshow. Wie die, die sich meine Schwester so gerne ansah. Ich nannte sie: Currys Fickbude.

Imbissbesitzer Curry, den ich spielte, besprach darin mit seinen Stammgästen ausgedachte Fußballspiele. Gast der ersten Ausgabe war Malte. Zunächst wollten wir uns dem Spitzenspiel des Wochenendes widmen. Borussia Schwanzhausen, mein Vorschlag, gegen Maltes Verein. Ich hielt ihm das Diktiergerät hin: »Los, sag was.«

Er guckte mich fragend an und überlegte unendlich lange, ehe er auf einen besonders fantasievollen Namen kam: »1. FC Arsch.«

Spielmacher Achim Hodensack, sprach ich ins Diktiergerät, flankte auf Topstürmer Jürgen Fotze. Der schoss den Ball natürlich nicht ins Tor, sondern hatte ihn vorbei an Frank Pimmel ins Lattenkreuz gefickt. Malte ergänzte, Torhüter Pimmel hatte anschließend richtig zu leiden, und zwar daran, was seine Mitspieler in der Kabine mit ihm anstellten: »EISBEIN, EISBEIN, EISBEIN!«

Ich war ein Pionier, auch wenn mir das damals nicht klar gewesen ist. Currys Fickbude war wahrscheinlich der erste Laberpodcast Deutschlands.

Wir nahmen gerade die neue Folge auf, die ich im Schullandheim unserer gesamten Klasse präsentieren wollte. Dann würde keiner mehr an meiner Begabung als Klassenclown zweifeln. Unglücklicherweise musste mein Vater durch die verschlossene Tür gehört haben, dass es dahinter um Fußball ging. Unsere gemeinsame Leidenschaft. Eines der wenigen Themen, bei dem wir, liebevoller Vater und frühpubertärer Sohn, uns noch etwas zu sagen hatten.

»Na Jungs, was nehmt ihr denn da auf?«

»Ähhh, so ein Hörspiel, wo wir, also, ähm, so Fußballspiele kommentieren, die wir uns ausdenken. So wie in der Sportschau.«

»Muss ja lustig sein, wenn ihr so viel Spaß habt. Darf ich mal hören?«

Stumm händigte ich das Diktiergerät aus. Mein Vater spulte zurück, das Band rastete am Anfang ein.

Scheiße, ey. Er drückte auf Play.

Currys Fickbudäää – fettig, heiß und teuer! / Currys Fickbudäää – garantiert zum Kotzen!

Beim von mir eingesungenen Intro dachte er vielleicht noch, er habe sich verhört. Mein Vater zog die Augenbrauen zusammen. Sein eigener Sohn würde sich ja wohl kaum so etwas Unappetitliches ausdenken. Und auch noch auf dem Diktiergerät aufnehmen, das er ihm überlassen hatte. Ich sah, wie sich im Lauf der ersten Spielbesprechung sein Kiefer anspannte. Als Curry schließlich von seiner brandneuen Spezialität berichtete, der Pissesuppe mit hundertprozentiger Durchfallgarantie, verließ mein Vater das Zimmer.

Kein Wort. Kein Blick. Das Diktiergerät nahm er mit. Kurz darauf forderte er mich dazu auf, ihm das gesamte Archiv von Currys Fickbude auszuhändigen. Ein Desaster. Die Nummer, die mich zum ultimativen Klassenclown Norddeutschlands machen sollte, war geplatzt. Ausgerechnet kurz vor der Klassenfahrt.

Ich packte meinen Koffer. Chips, Cola, iPod, Gameboy Color. Fertig. Bei der unangekündigten Kofferkontrolle zwang meine Mutter mir Unterhosen zum Wechseln auf. Und eine Zahnbürste. Wenn sie meinte, dass ich die bei meiner ersten Klassenfahrt benutzen würde, hatte sie sich aber brutalst geschnitten.

Fast hätte ich aber wirklich etwas Wichtiges vergessen. Die CD mit dem fetten Schriftzug in Silberchrom. Bravo Hits 33. Der zentrale Baustein meines Plans, doch noch zum Klassenclown zu werden.

Für den Abend im Schullandheim Tannenhöhe war Kinderdisco angesagt. Ich hatte vor, unseren Klassenlehrer Herrn Krüger zu überreden, die Bravo Hits abzuspielen. Da sei für jeden was dabei, würde ich sagen. Alles Songs, die sowieso immer im Radio liefen. Das Beste aus den Charts. Genau richtig für die Kinderdisco. Versprochen!

Vor der Disco bezogen wir die Zimmer. Streng getrennt nach Jungs und Mädchen. Das war schon in Ordnung. Mit denen war sowieso nichts anzufangen. Im Flur vor den Zimmern zeigten sie auf uns.

»Bolefoalefah«, sagte Lisa.

»Dielefie Julefungs stilefinkelefen«, sagte Jenny.

»Volefor alefallelefem Nileficlalefas«, sagte Caro.

Sie lachten. Meinten sie – mich? Oder? Sie redeten, als wären sie besoffen. Oder als würden sie den Teufel beschwören. Als hätte man ihnen das Gehirn ausgeknipst. Dass das Löffelsprache war, *Löffel* wegen dem L und dem F, wussten wir damals nicht. Auch nicht, dass es an anderen Schulen andere Geheimsprachen gab, die nach dem gleichen Prinzip, aber völlig anderen Regeln funktionierten. Mädchen brachten sie sich gegenseitig bei, um sich zu unterhalten, ohne dass wir sie im Ansatz verstanden. Und das fanden die auch noch witzig!

In unseren gefängniszellenartigen Räumen mit quietschendem Linoleumboden und sehr viel sehr hellem Holz waren wir immer zu neunt. Aufgeteilt auf Betten mit drei Etagen. Leute wie Malte, die mit 12 schon aussahen wie 16, durften ihr Bett zuerst wählen. Dem Rest, inklusive mir, erschien das ganz natürlich. Wie eine gottgegebene Ordnung. Malte suchte sich das Bett ganz oben aus. Er beorderte die Vollversager aus der Klasse, die Betten ganz unten zu beziehen. Oben und unten waren verteilt, ich bekam das Bett in der Mitte. Das spiegelte ziemlich gut meinen Status in der Klasse wider. Aber ich wollte niemand sein, der ein Leben lang im Mittelbett schläft.

Im Keller des Schullandheims hingen schwarz bemalte Eierkartons an den Wänden. Es gab eine Musikanlage mit CD-Fach. Und mir gelang es tatsächlich, Herrn Krüger zu überzeugen, die Bravo Hits einzulegen. Die ersten Songs liefen durch.

It wasn't me von Shaggy.

Ronan Keatings *Lovin' Each Day.*

Wheatus mit *Teenage Dirtbag.*

Alles lief nach Plan. Nach jedem Song gab es eine kleine Pause, bevor der nächste startete. Wir hörten nur den ruckeligen Motor der Discokugel. Die Strahlen ließen unsere ersten Pickelchen glitzern. Zu *Survivor* von Destiny's Child tanzten die Mädchen in der Mitte, das sah krass aus. Sie machten nach, was sie in den Musikvideos gesehen hatten. Sie waren in der Lage, ihre Körper flüssig und sogar im Takt zu bewegen. Wir standen außen rum und guckten blöd. Wieder eine Pause. Und endlich: Song fünf. Der, mit dem ich diesen Abend kapern würde.

Das harmlose Riff. Das Schlagzeug. Dazu diese Stimme, die nölte wie Maltes großer Kifferbruder. Wie erwartet verließen die Mädchen schlagartig die Tanzfläche. Mit den Jungs hatte ich auf der Busfahrt zum Schullandheim alles einstudiert. Wir stellten uns schluffig im Kreis auf. Alle grinsten mich an. Und dann schrien wir:

Wir würden einfach liebficken! / Ficken für vier! / Du auf dem Rücken und ich über dir!

Dazu machten wir alle Rammelbewegungen im Stehen.

Ein Haufen vorpubertärer Affen, die im Kreis ihre kleinen Hintern nach hinten und vorne warfen und die Arme durchzogen.

Das brachte uns eine Standpauke und mir später nochmal »EISBEIN! EISBEIN! EISBEIN!« von Malte ein, der Sorge hatte, Herr Krüger würde seinen Eltern davon erzählen.

Du lernst fürs Leben

Ohne Toplebenslauf ging gar nichts. Der musste auf eine Seite passen, so viel wusste ich vom Bewerbungstraining, das die Lehrer neuerdings mit uns durchzogen. Eine ganze Seite.

Geburt.

Grundschule.

Gymnasium.

Bei mir war schon nach drei Zeilen Schluss. Ich konnte keine Fremdsprachen, hatte keine EDV-Kenntnisse und half weder bei der Tafel noch im Tierheim. Ich hatte Hobbys, die ich nicht haben durfte. World of Warcraft suchten. Schule schwänzen. Nee, das würde sicherlich niemanden überzeugen. Hmm. Lego? Das hätte zwar gezeigt, wie wichtig mir Kreativität war, stimmte aber schon lange nicht mehr. Und überhaupt: Es signalisierte nicht gerade meine Qualitäten als *Teamplayer*.

Ich brauchte Geld. Wir alle brauchten Geld. Dringend. Ohne war Feierabend. Manche räumten nach der Schule Regale ein und stapelten Müllsäcke voll zerdrückter Dosen. Obwohl man sie danach sowieso wegschmiss, musste man darauf neuerdings Pfand zahlen. Wir fuhren Pizza aus, hüteten Hunde oder Babys, wir hatten Minijobs. 400 Euro! Steuerfrei!

Es gab Gerüchte, dass man in anderen Teilen Deutschlands am Band arbeiten konnte, bei Daimler oder Bosch. In den Ferien mit Nachtzuschlag. Ein paradiesischer Stundenlohn. Malte sagte, wenn sie bei Krombacher noch jemanden in der Qualitätskontrolle suchten, wäre er der Richtige. Ein Kasten, ein Quadratmeter. *Saufen für den Regenwald.*

In der Stadt neben unserem Dorf stand das Marmeladenwerk von Schwartau. Beim Schulsport im Freien rochen wir, welche Sorte sie gerade einkochten. Kirsche, Erdbeere, Weihnachtszimt. Die ganze Stadt, so hässlich, wie sie war, roch wenigstens gut.

Wenn ich Arbeit suchte, sagte mein Vater, sollte ich mich in einem Betrieb nett vorstellen und erst wieder gehen, wenn der Arbeitsvertrag unterschrieben wäre. So hätte er das damals geregelt. Leider stellten die Schwartauer Werke keine Kinder ein. Und bei der Stadtbäckerei Junge, der größten Kette in Norddeutschland, schickten sie mich auch wieder nach Hause.

Es war eine merkwürdige Zeit. Ich konnte mich ungelogen im Stehen am Knie kratzen. Wie das aussah. Die viel zu langen Arme hingen wie alte Fahrradschläuche an meinem Körper herunter. Ich bekam Haare an Stellen, von denen ich nicht verstand, was die da sollten, und überhaupt keine da, wo ich sie gerne gehabt hätte. Nicht mal ein einziges Barthaar.

Genauso schlimm, wie pleite zu sein, war es, körperlich hinterherzuhängen. Einen glatten verwachsenen Körper zu haben. Ah, doch, eine Sache gab es: peinliche Klamotten zu tragen. Und, na ja, bei mir hing der halbe Unterarm aus den Pullovern, die meine Mutter bei Ernsting's Family kaufte. Währenddessen wurden bei den Mädchen in der Schule Miss-Sixty-Jeans wichtig. Antonia aus der Parallelklasse war die Erste, bei der der Tanga rausguckte. Ich wollte unbedingt eine Winterjacke von Sir Benni Miles, in Fleckentarn mit extragroßem Markennamen. So wie Malte. Die könne ich mir schön selber kaufen, sagten meine Eltern. Taschengeld erhöhen war nicht.

Also bewarb ich mich schriftlich bei der Stadtbäckerei Junge. *Sehr geehrte Damen und Herren.* Netten Omas ihre Donauwelle servieren sei *eine tolle Herausforderung*, schrieb ich. Der Kontakt mit Menschen läge mir ohnehin, diese *Kernkompetenz* wolle ich unbedingt ausbauen. *Gerade im Hinblick auf mein späteres Berufsleben* wäre ich für diese Gelegenheit: *dankbar.*

Ich ließ die Bewerbung auf gestärktes Papier drucken, auch das Bild, für das ich extra zum Fotografen gegangen war. Er hatte mir gezeigt, wie ich so richtig jobgierig posiere: Arme in die Hüfte, halbseitiges Lächeln, Augen ganz leicht zusammenkneifen. Perfekt. Ich hatte vorher sogar ein Sakko gekauft, das billigste, das ich bei H&M finden konnte. Aber hey, wenn ich den Job bei der Stadtbäckerei kriegen würde, hätte es sich echt gelohnt. Stichwort: *Return of invest* – das hatte ich in Wirtschaftskunde gehört, das, warum auch immer, für uns ein genauso normales Schulfach war wie Mathe oder Erdkunde.

Mit der Zusage bekam ich meinen ersten Dienstplan. Zu Hause heftete ich ihn an den Familienkühlschrank. Jeder sollte sehen, wie ich mich knechten ließ! Für 5,50 Euro die Stunde, so was wie einen Mindestlohn gab es noch nicht. Wenn ich wirklich 400 Euro im Monat verdienen wollte, machte das 20 Stunden die Woche. Ziemlich viel neben der Schule und den Hausaufgaben. Außerdem zogen sie mir noch die Reinigung meiner Dienstkleidung vom Lohn ab, die nach der Schicht voll mit Mehl, Kaffeeflecken und Schweinemett war. Aber ich hatte ja laufende Kosten, das Abo bei World of Warcraft. Und die ersten Abstürze mit Berentzen Saurer Apfel mussten auch einberechnet werden.

Wir träumten nicht mehr von Karriere, so wie damals im Freundebuch. Wir machten den ersten Schritt. Wir arbeiteten. Wie unsere Eltern. Wir redeten auch wie sie, sagten nicht mehr: Malte, mein Freund, mein Kumpel, mein Buddy, mein Atze. Wir sagten: »Malte ist ein guter Kollege von mir.«

Bald kannte ich alle Stammkunden. Die drei Donauwellenomis. Die Käsebrötchenhandwerker. Den undichten Opa. Er bestellte immer ein Salamibaguette und einen entkoffeinierten Kaffee, ging nach wenigen Minuten auf die Toilette und pinkelte daneben. Er sagte, aus Versehen, ich glaubte, absichtlich. Aufwischen musste ich es so oder so.

An diesem Tag wollte er sich nicht von meiner Lieblingskollegin bedienen lassen, weil sie ein Kopftuch trug. Er nannte sie »Türkenfotze«. Angemessen körperbetont verwies ich ihn der Filiale.

Machte man doch so. Vor unseren Klassenzimmern hingen Schilder, auf denen stand: *Schule ohne Rassismus, Schule mit Courage.* In Geschichte ging es die ganze Zeit um Hitler und wie er die armen Deutschen in Geiselhaft genommen hatte. Ich hörte von der Machtergreifung und dachte, komisch, die hatten den doch freiwillig gewählt. Jedenfalls gab es diese Nazis immer noch. Oder wieder. Herr Krüger warnte unsere Klasse vor ihren CDs, die sie auf dem Schulhof verteilten. Einer von uns hatte mal eine mitgenommen, nur so aus Spaß, und uns das Booklet gezeigt. Darin stand: *Wir sind keine Ausländerfeinde. Wir lieben das Fremde. In der Fremde.* Wir würden sie ganz leicht erkennen, sagte Herr Krüger. Glatze, Springerstiefel. Das war der Feind. Wehret den Anfängen. Klare Kante gegen rechts.

Die Schichtleiterin war echt sauer. Auf mich. Auf mich? Ja! Wir hätten gerade einen Stammkunden verloren. Später sagte sie, ich hätte großes Glück gehabt, außerordentliches sogar. Auf eine Anzeige verzichtete der Kunde. Eine Abmahnung bekam ich trotzdem.

Aber ich brauchte doch ein Toparbeitszeugnis, um mich damit weiter zu bewerben. Jeder Arbeitgeber würde nach Arbeitszeugnissen fragen, hatten sie in der Schule gesagt. Auf der Arbeit wurde ich also ein anderer, hängte mein echtes Ich beim Umziehen zur Schicht gleich mit in den Spind.

Dieser andere reagierte zuvorkommend, er lächelte ganz brav, war voller Verständnis, wenn Kunden ihm sagten, der Kaffee komme wirklich viel zu heiß aus der Maschine, das könne doch keiner trinken.

»Danke. Ich wünsche Ihnen einen schönen Tag.«

Das falsche Lächeln und die unendliche Geduld bezahlte mir keiner. Sie wurde erwartet und war anstrengender als die Inventur im Kühlhaus oder das wöchentliche Ofenputzen.

»Danke. Ich wünsche Ihnen einen schönen Tag.«

Alles werde immer teurer und das Baguette sei so dünn belegt, durch die Salamischeiben könne man ja Zeitung lesen.

»Danke«, sagte ich. »Ich wünsche Ihnen noch einen schönen Tag.«

⌐

Wenn meine Eltern abends nach Hause kamen, mussten sie sich von der Arbeit erholen, was nichts anderes hieß als: fernsehen. Nach meiner Triple-Schicht aus Schule, Bäckerei und Hausaufgaben musste ich mich auch erholen, was nichts anderes hieß als: fernsehen.

Ich hatte jetzt endlich ein eigenes Gerät im Zimmer. Viele der Serien, die ich mochte, zeigten Menschen bei der Arbeit. Scrubs, Monk und Stromberg. Am liebsten sah ich aber zu, wie ein gelernter Metzger die Showtreppe runterrutschte. Heavytones, der dicke Praktikant Elton. TV total und nicht weniger.

Ich mochte den Stand-up-Monolog am Anfang, in dem Stefan Raab über Schlagzeilen und Szenen aus anderen Fernsehsendungen witzelte: »Hier, meine Damen und Herren, hehehe, dann hab ich noch das gesehen.« Oft zeigte er Ausschnitte aus der Sendung Frauentausch. Es gab *Deutschlands faulsten Arbeitslosen* zu sehen, wie er am Fliesentisch Kippen stopfte. Und wenn einer Kevin hieß, war allein das schon irre witzig.

Stefan Raab lachte über die kleinen Messiewohnungen, in denen sie lebten und so seltsam redeten, dass sie untertitelt werden mussten. Wir lachten mit ihm.

»In Wurst sind Vitamine drin, in Leberwurst, in Schinkenwurst … und Erdbeerkäse.«

»Bio ist für mich Abfall.«

»HALT STOPP, JETZT REDE ICH!«

Nichts prägte unseren Sprachgebrauch mehr als das TV-total-Nippelboard. Und unser Denken.

In Arbeitslosen sah ich abschreckende Beispiele für menschliche Verwahrlosung. Richtiger Abschaum. Echt dreist, was die sich rausnahmen. Ich war nie einem Arbeitslosen begegnet, ich zahlte keine Steuern auf meinen Minijob und trotzdem dachte ich, die da im Fernsehen würden mir was wegnehmen. Wenn sie in der *sozialen Hängematte* liegen.

Nur Leistung, dachte ich damals, darf belohnt werden. Das ging so weit, dass ich der Meinung war, Obdachlose hätten es erst verdient, dass ich ihnen ein paar Cent in ihre Dose schmiss, wenn sie einen guten Spruch bringen. Ein gutes Lied singen. Einen Fußball jonglieren. Wenn sie für mein Geld etwas leisten.

Wir wollten nicht so enden. Dafür würden wir uns richtig anstrengen müssen. Herr Krüger, unser auf Lebenszeit verbeamteter Lehrer, sagte, der Arbeitsmarkt sehe gerade ganz schlimm aus. Also der echte, der nach der Schule. Niemand würde auf uns warten. Darauf müsse er uns vorbereiten. »Schaut euch mal in der Klasse um. Das sind die Mitbewerber von morgen. Eure Konkurrenten.«

In seinem Deutschunterricht lasen wir den Werther und Herr Krüger wollte, dass jemand den ersten Satz vorliest: »Wie froh bin ich, dass ich weg bin.« Dann musste ihn noch jemand vorlesen. Schließlich rief er mich auf, um ihn ein drittes Mal vorzulesen: »Wie froh bin ich, dass ich weg bin.« Nochmal! Hatte Herr Krüger gerade einen Hirnschlag? Er bekam sich gar nicht mehr ein. Dieses doppelte Ich im ersten Satz! Bahnbrechend! Der Einzelne, der sich seiner selbst bewusst ist!

Das war die Lektion, die uns Herr Krüger offenbar mitgeben wollte. Jedes Ich kreist um sich selbst. Jedes Ich kämpft allein. Werther um seine Lotte, ich um die besten Chancen auf dem Arbeitsmarkt.

Wir übten Bewerbungsgespräche in der Schule. Es gab so viel, was wir falsch machen konnten. Niemals die Arme vor der Brust verschränken. Gerade sitzen. Hemd immer reinstecken. Blickkontakt halten, aber nie starren. Nach Schwächen gefragt, etwas antworten, das eigentlich eine Stärke ist.

»Ich bin leider perfektionistisch. Sorry, ja wirklich. Manchmal will ich meine Arbeit einfach viel zu gut machen.«

»Ungeduldig bin ich auch, es kann mir gar nicht schnell genug gehen, meine Ziele zu erreichen.«

Werther hätte das gefallen. Ich, ich, ich.

Im Musikunterricht sangen wir.

Danke für meine Arbeitsstelle / Danke für jedes kleine Glück

Richtig Paranoia schoben wir, weil sie uns erzählten, dass potenzielle Chefs uns im Internet stalken würden. Sollten die Fotos finden, auf denen wir versoffen aussahen und rauchten, könnten wir den Job vergessen. Aber solche Partyfotos waren nichts gegen das, was unser ganzes Leben ruinieren konnte: die Lücke im Lebenslauf.

Größere Zeiträume, in denen wir weder in der Schule noch im Austauschjahr, in der Sprachschule oder sonst wo waren, wo wir uns für Arbeitgeber interessanter machen konnten, mussten wir begründen können. Was die das alles anging, die Arbeitgeber, erklärte uns keiner. Wir wussten nichts von denen, aber sie durften uns alles fragen. Also lernten wir zu lügen.

Mehrwöchige Sauftouren durch Südeuropa wurden zum *interkulturellen Bildungsurlaub*. Lange Reisen waren in Ordnung, wenn man sie mit Arbeit verband. Also stellten wir es als irre erfüllend dar, in Neuseeland beim Kiwipflücken ausgebeutet zu werden. Für die *Persönlichkeitsentwicklung* war das äußerst wichtig. An alles, was wir machten, sollten wir *beruflich anknüpfen* können.

Es käme wahrscheinlich besser an, jemanden totzuschlagen, als auch nur ein paar Wochen nach dem Abitur zu faulenzen. So eine Lücke, drei Jahre im Jugendknast, ließe sich umdeuten: Im Gefängnis konnte ich meine *Kernkompetenzen Durchhaltevermögen und Eigenverantwortung stärken*.

Und dann kam auch noch raus, dass deutsche Schüler schlechter rechnen und lesen als der Rest Europas. Der Pisa-Schock. Ein Schock für die Erwachsenen. Seitdem meckerten sie ständig, wie dumm wir waren. Weil Bayern etwas besser weggekommen war, sollten alle mehr sein wie Bayern. Und wir in Schleswig-Holstein, dem Hauptsitz der Volltrottel, Zentralabitur schreiben.

Es wurde neu sortiert, was wir in der Schule lernten. Wichtig war plötzlich MINT, eine Abkürzung für Mathematik, Informatik, Naturwissenschaft, Technik.

Mitochondrien sind die Kraftwerke der Zelle. Das Geburtsdatum von Thomas Edison. Rechnen mit dem Alphabet. Ein ganzes Halbjahr lang binomische Formeln. Wir würden später nicht immer einen Taschenrechner dabeihaben.

Pech für alle, die lieber Deutsch, Kunst oder Geschichte mochten. Seit diese Fächer nach *Bildungsstandards* umgebaut wurden, ging es nicht mehr darum, irgendwas zu verstehen. Nur Wissen zählte. Auswendiglernen.

Die Seeschlacht von Salamis. Dorische Säule, ionische Säule, korinthische Säule. Wer reitet so spät durch Nacht und Wind? Jambus, Trochäus, Daktylus, Anapäst. Alle Länder und die Hauptstädte. Alle Bundespräsidenten von Heuss bis Köhler. Wikipedia war keine zuverlässige Quelle und dem Overheadprojektor wieder mal die Lampe durchgebrannt.

Herr Krüger sagte: »Ihr werdet die Schule noch vermissen.«

Nach tausend Schuss ist Schluss

Meine Eltern nahmen oft Fernsehfilme auf Videokassette auf, um beim späteren Ansehen die Werbung vorspulen zu können. So ein durchschnittlicher Fernsehfilm dauerte zwei Stunden. Danach lief die Aufnahme weiter. Meistens noch einmal zwei Stunden. Das Nachtprogramm. Die Erwachsenenunterhaltung. Am Ende der deutschen Erstausstrahlung von Gladiator fand ich, wonach ich gesucht hatte: »Die nachfolgende Sendung ist für Zuschauer unter 16 Jahren nicht geeignet.« Das Schloss der Lüste. Jackpot.

Ich sichtete jede einzelne Videokassette. In einem geheimen Notizbuch legte ich eine Liste an.

Minority Report	Salsa und Amor
Darf ich bitten?	Justine I: Wilde Träume / Justine II: Momente der Lust (nur Anfang)
Die Mumie	Dreiecksspiele
Titanic	Tropfen auf heiße Steine
Schindlers Liste	Junge Nymphen auf Ibiza (bis erste Strandszene)

Ab und an veranstaltete ich nach der Schule kleine Vorführungen bei uns zu Hause. Ich holte Stühle aus der Küche, weil nicht alle auf unsere Familiencouch passten, und schenkte Pfanner Eistee aus dem praktischen Zwei-Liter-Kanister aus. Getrunken wurde aus flachen, breiten Gläsern. Es sah aus, als würden wir einen guten Whiskey genießen. Jedem Tape stellte ich eine liebevolle Einführung voran: Szenario, Herkunftsland, Grad der gezeigten Schweinereien. Dabei beobachtete ich mein Publikum genau. Denjenigen, die schon mein Vortrag nervös machte, gab ich die Kassette hinterher mit nach Hause. Auf diese Weise sorgte ich für die Bedürftigsten unter uns.

Bei Basic Instinct versuchte ich ewig, an exakt der Stelle zu pausieren, an der man der heißen Hauptdarstellerin zwischen die Beine gucken konnte. Ich sah Eyes Wide Shut. Sehr seltsamer Film, aber wenigstens sehr nackt. Und ich sah: American Pie. Die Hauptfigur Jim war genauso ein Loser wie ich. Aber einer, der am Ende das Glück fand und endlich, verdammt nochmal endlich, seine Jungfräulichkeit verlor. Der Film zeigte mir, so hoffte ich, mein eigenes Happy End.

Da war Nadia, die tschechische Austauschstudentin, vor der Webcam. Sehr dünn, sehr braun gebrannt, total unschuldig, jedenfalls auf den ersten Blick. Sonst würde sie ja wohl keine weiße Spitzenunterwäsche tragen. Da war Stiflers Mom, die Ur-Milf. Reife Riesentitten im engen knallroten Kleid. Immer auf der Jagd nach Highschool-Jungs. Und dazwischen steckte Jim seinen Pimmel in einen ofenfrischen Apfelkuchen.

Malte hatte das natürlich schon getestet. War obergeil, sagte er. Und als ich fragte, ob er den Kuchen selbst gebacken oder seine Mutter darum gebeten hatte, damit er alleine in seinem Zimmer – da kam er schon mit dem nächsten Wichstipp an. Der Küchenschwamm in der Pringles-Dose. Eine warme Bananenschale aus der Mikrowelle. Die fremde Hand.

Geschlechtergetrennt gingen wir im Sexualkundeunterricht ein Comic-Aufklärungsbuch durch. Die Erwachsenen darin sahen aus wie Pädophile. Sex hatten sie nicht aus Spaß, sondern um Kinder zu zeugen. Wichsen? Die Vorzüge und Nachteile von Pornos? Nichts. Die einzige Geschlechtskrankheit, von der wir hörten, war AIDS. Aber das kriegten ja eh nur Schwule. War also nicht unser Problem.

Nach der Schule hingen wir oft zu Hause in unseren Jugendzimmern rum. Wir hatten gerade YouTube entdeckt und das erschien uns sensationell, sogar noch geiler als TV total. Es gab noch keine Creator und Influencer, es war noch kein Job, sich zu filmen und das hochzuladen. Das waren normale Leute. Echte Menschen. Wie geil ist das denn? Der Unreal-Tournament-Junge, der vor Wut seine Tastatur zerschmettert. Lord of the Weed. Ständig hatte einer ein neues Video, das er den anderen zeigen wollte.

Eines hieß: Die Wahrheit. Aufgenommen von einem, der sich Voll Assi Toni nannte. Ein muskulöser Typ. Oberkörperfrei auf seiner Couch. Sonnenbrille in den Gelhaaren.

»Die Figgerei, die macht misch wahnsinnig! Weiber! Immer des Gleiche! Immer des gleiche Rumgefigge un Rumgemache, die sin so billig, Alder.«

»Der Arsch muss klatsche, die Eier müssen klatsche. Bam, ba-bam! Flatsch, flatsch, flatsch, flatsch!«

»Ich hab mehr gefiggt, wie ich gepisst hab. Kleiner Scherz am Rande, aber im Prinzip isses so.«

Erst zitierten wir Voll Assi Toni nur. Aber je öfter wir das aus Spaß machten, desto mehr begannen wir auch, so zu denken. Wir hatten ja keine Ahnung, was das Schloss der Lüste oder Voll Assi Toni mit der Realität zu tun hatten. Wir machten keinerlei gegenteilige Erfahrungen im echten Leben. Wir wussten nicht mal, wie man mit denen Kontakt aufnahm: mit Mädchen in unserem Alter.

Wir waren gefangen in der Nachahmung dessen, wovon wir keine Ahnung hatten. Wir blieben darin hängen. Weiber nervten. Weil sie einen nicht ranließen. Weil sie einen erst ran-, aber anschließend nicht mehr in Ruhe ließen.

»Lieber 'ne Schwanzgierige als 'ne ganz Schwierige«, sagte Malte.

»Kennst du eine, kennst du alle«, sagte Marius.

»Wie nennt man kleine Frauen? Standgebläse!«, sagte Yannick.

»Kleiner Scherz, aber im Prinzip ist es so«, sagte ich.

⌐

Hatte nicht gerade einer sturmfrei, wussten wir nach der Schule nie, wohin mit uns. Bad Schwartau war ein Kurort für Fossilien, die gerne in Jodsole badeten. Für sie und sonst niemanden war diese Stadt gemacht: die große Klinik, Apotheken, Hörgeräteakustiker und ein Sanitätshaus für Orthopädietechnik.

Vor Ewigkeiten hatte der Stadtrat mal einen Skatepark bauen lassen. Seine Pflicht, sich um Teenager wie uns zu kümmern, sah er damit wohl als erfüllt an. Für alle Zeit. Bald wucherte das Moos aus den Betonrissen der Rampe.

Da hingen Assis über 20 rum, richtig alte Säcke, die in dieser Scheißstadt hängengeblieben waren.

Früher im Dorf hatten wir den Wald. Der war zwar öde, aber wenn wir laut waren, störte das nur Eichhörnchen und Wildschweine. Die Erwachsenen in der Seniorenhölle Bad Schwartau störten wir durch unsere bloße Gegenwart.

Bluetooth-Boxen waren noch nicht erfunden, einen Ghettoblaster konnte sich keiner von uns leisten, also saßen wir ohne Bässe und Melodien auf den Bänken am See im Kurpark und laberten unseren Pubertätsmüll. Rentnerfreundlich in Zimmerlautstärke. Die in Bad Schwartau ganztägig und sogar draußen galt. Die Fossilien in der Klinik nebenan riefen trotzdem gerne die Polizei. Wir bekamen einen Platzverweis. Abends sahen wir die Beamten auf den von uns belagerten Kinderspielplätzen wieder. Auch wenn es wohl wirklich nicht so cool war, hinter die Rutsche zu pissen, gaben wir uns echt Mühe, so wenig zu stören wie möglich. Wir stellten sogar unsere geleerten Ein-Liter-Flaschen Cool Up Blue Wave artig neben die Mülleimer, damit sie ein Pfandsammler mitnehmen konnte.

Jede Ruhestörung, die Kurgäste und die dreivierteltoten Bewohner dieser Stadt meldeten, wurde verfolgt. Keine Kompromisse, nur Platzverweise.

Das Ufer der Trave, des Flusses, der an Bad Schwartau vorbeifließt, war nicht weit von meiner Schule entfernt. Doch das Ufer war vollständig von Segelvereinen besetzt. Kletterten wir über deren Zäune, erwischte uns immer irgendjemand. Und wenn das ausnahmsweise mal nicht passierte, juckte nach dem Baden der ganze Körper. Unweit leitete ein gigantisches Klärwerk sein Abwasser ein.

Zur Ostsee war es nicht weit, eine halbe Stunde mit dem

Fahrrad. Aber auch vom Strand scheuchten sie uns weg. Der kostete Eintritt. Diese sogenannte Kurtaxe konnten wir uns genauso wenig leisten wie Fischbrötchen von Gosch auf der Promenade.

Pleite, wie wir waren, gingen wir auf maximal ein Getränk in die einzige Kneipe Bad Schwartaus. Der Sausack war kein besonders schöner Ort, meistens saßen da die allerletzten Vollalkis rum. Den Mädchen, die manchmal dabei waren, gierten sie mit ihren tränigen gelben Augen nach. Wenn die darauf nicht eingingen, fragten die Vollalkis sehr direkt, ob sie mal von einem echten Mann gefickt werden wollten. Statt von so Milchbubis wie uns. Bei Widerworten sagten sie, unsere Mütter wären als Nächstes dran. Bei dem, was unsere Versagerväter da gezeugt hatten, könnten unsere Mütter ihnen anschließend mehr als dankbar sein. Also gingen wir wieder raus und warteten, bis wir einen Platzverweis bekommen würden.

Lokalpresse und Stadtrat waren sich einig: Mit den Jugendlichen wurde es immer schlimmer. Wir machten den Kurgästen Angst. Und deren Bedürfnisse zählten mehr als unsere. Der Einsatz von sogenannten Mosquitos wurde diskutiert. Das war ein kleines, viereckiges Gerät, das ein surrendes Geräusch von sich gab. Ein extrem unangenehmes Geräusch, das sich bis zur Lautstärke einer Sirene aufdrehen ließ. Damit wollten sie uns von Orten verscheuchen, an denen wir unerwünscht waren.

Das Besondere am Mosquito, der es letztlich nie nach Bad Schwartau schaffte, war, dass er in einem Frequenzbereich fiepte, den nur unverbrauchte Teenagerohren hören konnten. Erwachsene oder gar die Fossilien aus der Klinik hätten davon überhaupt nichts mitgekriegt. Vielleicht begannen wir auch deshalb damit, verdammt viel Zeit zu Hause zu verbringen. Mit Street Fighter auf der Playstation 3 oder mit Stefan Raab. Dem vielleicht einzigen Erwachsenen, bei dem ich, egal was er tat, das Gefühl hatte, er dachte sich all diesen wunderbaren Quatsch für mich aus.

Davon kriegst du viereckige Augen

Eines fernen Tages in der Zukunft, deren – räusperräusper – silberschimmernde Umrisse ich mir noch gar nicht ausmalen kann, würde ich den Menschen eine Frage stellen: Wo warst du an dem Tag, als Sido seine Maske abnahm? Wo warst du, als er, ausgerechnet er, S-I-D-O, das Super-Intelligente Drogen-Opfer, aka Jiggy Siggi von den Jiggy Brothers, wo warst du, als *Meine-Straße-Mein-Zuhause-Mein-Block*-Sido zum ersten Mal sein Gesicht zeigte?

Ich lag auf Maltes Sofa, während die Mädchen aus meiner Klasse vielleicht bei MSN mit ihren Freundinnen chatteten. Vielleicht hatten sie gerade an ihrer MySpace-Seite rumgeschraubt, bei Habbo Hotel, Knuddels, Kwick, Jappy oder Lokalisten. Vielleicht spielten sie Die Sims, vielleicht guckten sie den Hexenschwestern bei Charmed zu, schmachteten sie McDreamy bei Grey's Anatomy an. Oder Mr. Big bei Sex and the City. Vielleicht sichteten sie den Einkauf des Tages: die neuen Ballerinas mit Polka Dots, die eigentlich von Buffalo sein sollten. Aber die waren zu teuer und so reichte es nur für welche von Pimkie. Vielleicht tranken sie danach den ersten Starbucks-Kaffee ihres Lebens, weil sie in der

InTouch gesehen hatten, dass Paris Hilton auf den Paparazzi-Bildern immer so einen in der Hand hatte.

Gerade hatte ich die Eisbong zum Gurgeln gebracht, danach war Malte dran gewesen. Es dauerte deshalb etwas, bis wir uns der Tragweite dessen bewusst wurden, was sich da gerade im Fernseher abspielte.

»Sido ohne Maske... krass.«

...

»Der trägt doch immer Maske.«

...

»Deshalb sag ich's ja.«

...

»Warum setzt er die ab?«

...

»Keine Ahnung.«

...

»Marketing?«

...

»Oder aus Versehen?«

...

»Vielleicht hat er sie in der Garderobe vergessen?«

»Das ist live. Und wir sind dabei, Mann. Das ist doch live, oder?«

»Was ist live?«

»Was wir gerade gucken, du Spacko. Bundesvision Song Contest.«

»Ach, du guckst das? Ich dachte, wir zocken gleich FIFA.«

»Bist du... dumm oder so? Das ist doch nur geil, wir gucken das zu Ende.«

»Okay, okay.«

»Krass, ey.«

»Wahnsinn.«

»Was nochmal?«

»Sido ohne Maske.«

Wie speckig Sido ohne Maske aussah. Mit dem dämlichen Bandana und Spitzbart. In Sekunden fiel für mich zusammen, was Sido so lange und mühsam aufgebaut hatte. Der Maskenmann. Ohne sah er aus wie der enorm durchgekiffte Spacko, der er halt war.

Jahre später würde ich herausfinden, dass bei diesem Auftritt Sidos Mutter im Publikum gesessen hatte. Er hatte ihr diesen Song gewidmet. Und, sagte Sido in einem Interview, er habe es halt gefühlt, ihr diesen Refrain ohne Maske zu singen. Sido, der *Arschfickmann*, seine Worte, nicht meine, war also doch immer schon ein Muttersöhnchen.

Schleswig-Holstein gegen Berlin, Hessen gegen Bayern und alle anderen. Clueso gegen Deichkind. Seeed gegen Mia. Madsen gegen Polarkreis 18, Bosse, MC Fitti und Miss Platnum. Alles deutsche Musik, alles ziemlich geil. Organisiert wurde der Bundesvision Song Contest natürlich von Stefan Raab, der mittlerweile meinen Alltag dominierte.

Montag: TV total.

Dienstag: TV total.

Mittwoch: TV total.

Donnerstag: TV total.

Am Wochenende: Die Wok-WM. Das TV total Turmspringen. Das TV total Hochsprungmeeting. Der TV total Beachvolleyball Cup. Die Stock-Car-Crash-Challenge. Schlag den Raab. Und einmal im Jahr: Bundesvision Song Contest, bei dem Sido sogar seine Maske abnahm. Und meine Lieblingsband auftrat.

»Willst du Chips?«

»Mh?«

»Ob du Chips willst.«

»Du hast Chips?!«

»Sonst würd ich wohl nicht fragen. Muss ich aus der Küche holen.«

»Nee, warte.«

»Warum? Was ist?«

»Ich will den Song hören.«

»Welchen?«

»Den da im Fernsehen? Hör zu! Der ist echt geil.«

Hast du geglaubt, hast du gehofft / Dass alles besser wird? / Hast du geweint, hast du gefleht / Weil alles anders ist? / Wo ist die Zeit? Wo ist das Meer? / Sie fehlt, sie fehlt hier / Du fragst mich, wo sie geblieben ist

»Hast recht. Ist geil.«

»Der Song?«

»Die Sängerin.«

»Nee. Das geht nicht.«

»Was geht nicht?«

»Dass du die geil findest.«

»Warum?«

»Ich bin schon in die.«

Eva Briegel trug ihren Nasenring. So was kannten die Tussimädchen bei uns in der Schule gar nicht, die wollten alle nur Bauchnabelpiercings.

»Was ist jetzt?«

»Mh?«

»Willst du Chips?«

Malte hatte sich so wehrlos gekifft, dass ich den Bundesvision Song Contest zu Ende gucken konnte. Bei der Abstimmung am Ende votete ich mein gesamtes Prepaidguthaben leer. Für Juli. Für Eva. Ganz sicher nur meinetwegen gewann sie! Bevor die Sendung wirklich vorbei war, spielten Juli den Siegersong nochmal. Malte war längst weggepennt, ich hatte Eva für mich allein.

Ja, ich weiß, es war 'ne geile Zeit / Uns war kein Weg zu weit, du fehlst hier / Ja, ich weiß, es war 'ne geile Zeit / Hey, es tut mir leid, es ist vorbei

⌐

Im neu eingerichteten Computerraum saßen Malte und ich nebeneinander. Wir hörten höchstens mit halbem Ohr zu, als Herr Krüger, der uns auch in Informatik unterrichtete, den Bauplan einer HTML-Website erklärte.

<html>

Damit markierte man den Anfang.

<title>

Damit definierte man eine Überschrift.

</title>

<head>

Dahin kam alles, was unter die Überschrift sollte.

<body> Hierhin gehörte alles, was dann auf der Seite zu sehen und zu lesen sein sollte. </body>

Das erzeugte einen

Zeilenumbruch.

So wurde die Schrift kursiv.

<b>

So wurde sie fett.

```
</b>
<footer>
Hierhin kam noch, was am Ende der Seite stehen sollte.
</html>
```

Hinter den klobigen Röhrenmonitoren konnte Herr Krüger nicht sehen, wie wir an einer Tastatur Blobby Volley im Internet spielten. Malte starrte die hüpfenden Blobs an. In Richtung Bildschirm fragte er: »Kennst du rotten. com?«

»Na klar«, log ich. »Aber zeig nochmal kurz.«

Ich sah zerquetschte Menschen in Autowracks. Menschen mit einer Schlinge um den Hals. Einen Schädel, auf den zuvor aus kurzer Distanz mit einer Schrotflinte geschossen wurde. Feueropfer, schwarz und schrumpelig, wie abgebrannte Streichhölzer. Eine Hand im Fleischwolf. Schwerste Fehlbildungen, angeblich von Kindern aus Tschernobyl. Polizeifotos davon, wie viel von einem Menschen übrigblieb, der aus einem brennenden Hochhaus gesprungen war. Aufgequollene Wasserleichen, Tsunami-Tote.

Das Internet war noch ortsgebunden. Wir hatten es nicht ständig dabei, nur im Computerraum oder zu Hause hatten wir Zugang. Man könnte meinen, wenn der Bildschirm aus war, verschwanden auch die Bilder. Aber sie blieben. Noch heute kann ich sie in jedem grausamen Detail abrufen. Und rotten.com war nur der Anfang.

Später surften wir über die Digital Subscriber Line. DSL. Mit 1000 Kilobyte Downloadrate. Pro Sekunde. So entdeckten wir Seiten wie ogrish.com oder bestgore.com, die neben Fotos auch Videos hatten. In einem führten maskierte Taliban einen US-Soldaten vor. Nackt. Auf allen vieren. Sie sagten Dinge in einer Sprache, die ich nicht verstand. Einer zog eine riesige Machete. Widerstandslos glitt sie durch Hals und Wirbelsäule des Amerikaners.

<head>
</head>

Bei Bumfights gaben die Macher Obdachlosen Geld, damit sie sich vor der Kamera halbtot prügelten. In einer Folge fesselten sie einen Junkie an eine Laterne. Seine Kette war exakt so lang, dass er die gefüllte vor ihm liegende Crackpfeife nicht erreichen konnte. Der Junkie riss sich fast den Fuß aus, die Macher lachten. Wir auch.

So gut wie alles, was wir lustig fanden, waren Grenzüberschreitungen. Angefangen in der Kindheit bei den Werner-Filmen voller Scheiße, Pisse und Gesaufe. Später kamen South Park und die Songs von K. I. Z., Aggro Berlin und King Orgasmus One hinzu. Die Videos, die wir uns ansahen, waren die logische Fortsetzung.

Wir machten daraus eine Mutprobe: Wer hielt es am längsten aus, sich so was anzuschauen? Wer fand das schlimmste aller Videos?

»Kennst du schon das mit dem Typen, der sich das Einmachglas in den Arsch steckt, das dann splittert?«

»Kennst du das mit dem Pferd und der Frau, die danach gestorben ist?«

»Das mit der Babykatze in der Tupperdose?«

»Kennst du Two Girls, One Cup?«

Dumme Frage. Alle kannten das. Wer es nicht gesehen hatte, hatte zumindest davon gehört. Was uns ausmachte, war nicht nur, was wir anzogen und welche Musik wir hörten. Uns machte aus, was uns ekelte.

Vielleicht war es unsere Version der düsteren Märchen

von früher. Der Daumenlutscher, dessen Finger mit einer riesigen Schere abgeschnitten werden, weil er nicht auf die Erwachsenen hört. Hänsel und Gretel, die, immerhin aus Notwehr, eine alte Frau in einem Ofen verbrennen. Vielleicht war es die gleiche Faszination, aus der Menschen früher in Freakshows gingen oder sich Schrumpfköpfe ins Wohnzimmer stellten. Vielleicht war es auch einfach nur geil, Sachen zu kennen, deren Existenz die Erwachsenen nicht mal ahnten. Trotzdem taten sie so, als wüssten sie über alles Bescheid.

In den Talkshows, die meine Eltern guckten, saßen auf einmal selbsternannte Jugendschützer. Woher sie kamen und was sie zu Experten machte, erklärte keiner. Sie saßen da und hatten recht. Ständig warnten sie vor *gefährlichen Trends unter Jugendlichen*, von denen ihnen besorgte Eltern und Lehrer wie Herr Krüger berichteten. Trends, von denen ich, um den es ja eigentlich ging, noch nie gehört hatte.

Niemand, den ich kannte, war jemals auf einer Rainbow Party, bei der die Mädchen angeblich mittels unterschiedlicher Lippenstiftfarben die Pimmel der Jungs in Regenbogenfarben tauchten. Es gab kein Handyspiel, das uns sagte, wir sollten uns die Pulsadern aufschneiden. Aber nach dem Amoklauf an der Schule in Erfurt, nach all der Gewalt an der Rütli-Schule in Berlin war für die Jugendschützer klar – und das sagten sie in jede Kamera –, was pubertäre Jungs zu prügelnden Mördern machte: Killerspiele. Counterstrike und GTA. Die Gewaltkids von Berlin und der Amokläufer von Erfurt hatten offenbar die gleichen Spiele auf ihren Computern wie ich. *Tötungstrainingssoftware.* Entwickelt vom Militär, sollten wir die Hemmung dafür verlieren, im echten Leben zu schießen. Angeblich konnten wir mit wenigen Klicks die Gegner wie unsere Lehrer aussehen lassen. Angeblich würde das nächste Level nur dank Extrapunkten für das Erschießen von Omas und das Foltern von Schwangeren erreicht. Dabei gab es bei Counterstrike und GTA keine Omas und keine Schwangeren. Es gab darin auch keine Punkte und keine Level. Spiele waren ja längst nicht mehr so wie Super Mario früher. Das hätten wir den Jugendschützern auch erklären können. Aber sie wussten es ja ohnehin besser.

Echte Sorgen hätte denen eher bereiten können, was vor allem Mädchen für Menschenversuche unternahmen, wenn sie Die Sims spielten. Zum Beispiel: Ein Raum, eine Mikrowelle und kein Feuerlöscher, das ergab viele verbrannte Pixelmenschen. Oder: Marc Dutroux und Josef Fritzl nachahmen, die kannten wir aus dem Fernsehen. Wie sie bauten wir unterirdische Verliese, in denen wir unsere Sims gefangen hielten. An der Oberfläche entfernten wir ihnen die Leiter aus den Gartenpools, damit sie darin ertranken.

Aber keine Ahnung, woher sie dieses Gerücht hatten, wir würden uns ständig in Wodka getränkte Tampons in den Arsch stecken. Wir leckten uns nicht gegenseitig die Augäpfel ab. Keiner zog sich Kondome durch die Nase rein und aus dem Mund wieder raus.

Doch, doch, das werden sie wohl besser wissen als wir. Und übrigens: All das, was wir da machten, sagten sie, das seien *Einstiegsdrogen.* Wir würden enthemmt, verroht, gewalttätig. Nur einen Schritt davon entfernt, ebenfalls zu Amokläufern zu werden. Mein Vater guckte nun tatsächlich öfter mal unangemeldet bei mir im Zimmer rein und fragte, was genau ich da gerade so am Computer machen würde.

Dabei wusste doch jeder, dass die Jugendschützer in ihrer eigenen Jugend, kurz nach Hitlers Krieg, dem Verlierer beim Skat die Fingernägel mit einer Zange abgezogen hatten. Die Letzte beim Schafkopf wurde mit kochendem Wasser verbrüht und wen sie nicht mochten, dem steckten sie Weltkriegsblindgänger in den Tornister. Dann – ein großer Spaß! – warteten sie, bis die im Unterricht explodierten.

Das stimmte natürlich genauso wenig wie die Sache mit den Omas und Schwangeren. Aber wenn die sich Lügen über mich ausdachten, konnte ich das auch. Das war mein Trotz. Gegen die Erwachsenen. Sie hatten ein Bild von uns, das einfach nicht stimmte. Mich kränkte es, dass niemand mal bei uns nachfragte. Vielleicht ging es ihnen auch nie um unsere Angst. Sondern nur um ihre eigene.

┐

Von TV total hatte ich gelernt, arme Menschen zu hassen, weil sie arm waren. Nun lernte ich, Arme noch für etwas anderes zu hassen. Dafür, dass sie nicht lieben konnten.

Stefan Raab saß an einem mit Rosenblättern dekorierten Tisch, er schlug ein riesiges, in Leder gebundenes Buch auf. Die *Lovestory der Woche*. Die Männer und Frauen, die er vorstellte, waren eigentlich viel zu eklig, um überhaupt jemandem nahezukommen. Sie hatten schütteres Haar und Fettflecken auf ihren Shirts. Offensichtlich konnten sie sich nicht einmal selbst lieben. Sonst würden sie wohl kaum so verwahrlosen.

Manchmal aber passierte ein Wunder und zwei von denen verliebten sich ineinander. Natürlich betrogen sie sich sofort. Mit den besten Freunden. Mit den Eltern des

Partners oder sonst wem. Sie hängten einander Kinder an, die keiner wollte. Besonders peinlich war es, wenn sie versuchten, sich ihre Liebe zu zeigen. Wenn einer stotterte beim Ich l-l-liebe d-d-d-.

Raab startete den nächsten Clip.

Sebastian: »Hallo mein Schatz.«

Michaela: »Was wird das denn bitte?«

Schnitt ins TV-total-Studio.

Stefan Raab: »Sie merken schon: Die Überraschung ist groß. Offenbar sitzt Sebastian nicht, wie sonst, im Feinripp-unterhemd mit Bierflasche auf der Couch. Und wenn ich Ihnen sage, Sebastian liegt auf dem Couchtisch? Umringt von Teelichtern, die brennen. Nur bekleidet mit einer ausgeleierten grauen Unterhose. In Tennissocken. Und auf seinem Oberkörper ist eine Portion Spaghetti Bolognese verteilt.«

Sebastian: »Hast du Hunger mitgebracht?«

Michaela: »Ja, habe ich. Aber du glaubst doch nicht, dass ich das jetzt esse?«

Sebastian: »Na klar, das ist dein Lieblingsgericht. Und ich bin dein Teller.«

Eine Frau im TV-total-Studio sah aus, als müsste sie sich übergeben. Eine andere hatte Tränen in den Augen, so sehr lachte sie. Der nächste Clip: Michaela machte sich an die Bolognese. Nicht mit Besteck, nicht einmal mit den Händen. Sie fraß wie eine Hündin aus dem Napf.

Noch ein Clip, diesmal ein Rückblick, wie Sebastian zuvor seine Bolognese zubereitet hatte.

Stefan Raab: »Hack und Ketchup, ein altes Familienrezept! Das hat schon seine Mutter von seinem Vater gegessen.«

Ja, man, dachte ich vor dem Fernseher. Dummheit vererbt sich. Wahrscheinlich auch auf deren Kinder, von denen sie so viele machten. Sylvana, Sarafina, Estefania, Calantha, Loredana, Sarah-Jane, Lavinia, Jeremy-Pascal. Müssen diese Assis sich eigentlich fortpflanzen? Wäre die Welt wirklich schlechter dran ohne noch mehr Estefanias, Calanthas und Loredanas? Ohne den kleinen Lukas, der seine Mutter tritt und sie anschreit: »Kleene Fotze, kleene Fotze, Fotze Fotze Eierkuchen.«

So was dachte ich und lag dabei selbst in Jogginghose mit Wichsflecken auf der Couch. Vor mir gammelte die Fünf-Minuten-Terrine von letzter Woche. Ich war hässlich, schmächtig, gelangweilt und allein. Ich war glücklich, bei TV total zu sehen, dass andere noch schlimmer waren als ich. Es war mir egal, dass das, was ich sah, nicht echt war. Ich wusste nicht, dass es Darsteller waren, die Paare und Eltern spielten. Oder Laiendarsteller, denen ein Kamerateam sagte, was sie tun sollten. Da hat sich tatsächlich ein Autor, ein denkender Mensch, hingesetzt und überlegt: Es wäre doch witzig, eine ostdeutsche Frau dazu zu bringen, auf Knien Spaghetti Bolognese vom Bauch ihres Freundes zu essen. Wie ein Tier.

Nicht ganz so verachtenswert wie Arme, die sich liebten, aber auch nicht normal war es, dass Männer auf Männer standen. Einmal lud ich Malte und die anderen zu einem Filmabend ein. Ich hatte sturmfrei und improvisierte Cocktails aus dem, was mein Vater aus seinem Spirituosenschrank am wenigsten vermissen würde. Chips und Gummibärchen richtete ich in Schüsseln an, meine Gäste sollten es gut haben. Das Abendprogramm hatte ich zuvor im Internet heruntergeladen.

Der Vorfilm, eine Folge der Sat.1-Wochenshow: »Hallo liebe Liebenden, mein Name ist Brisko Schneider.« Das dämliche Gegacker, die sanfte Sprache, in der alles anzüglich klang. Die abgeknickte Hand, die überschlagenen Beine in der engen Lederhose. Bei mir kam an, was ankommen sollte: voll schwul, richtig tuntig, megapeinlich.

Film eins: Winnetouch von der Puder-Rosa-Ranch auf der Suche nach dem Schuh des Manitu. Immer dabei: seine Schwulenhandtasche und sein Durst auf Prosecco, das Weibergetränk überhaupt.

Film zwei: Kork, Schrotty und Spucky, die drei Homoastronauten vom Traumschiff Surprise.

Film drei: Erkan und Stefan, die beiden Prolos, finden alles schwul, was sie ablehnen. Bus fahren statt Porsche. Keine krassen Bunnys abkriegen. Regierungsgeheimnisse, die sie im Film schützen sollen. Schwulschwulschwul.

Wir übernahmen das. Hausaufgaben waren schwul. Wenn Borussia Dortmund verlor oder wir um 21 Uhr zu Hause sein mussten. Alles: vollschwul. Genau das, was wir nicht sein wollten. Wir wollten uns gegen Männer abgrenzen, die wir im Fernsehen sahen und die anders waren: Daniel Küblböck aus Deutschland sucht den Superstar, Bill Kaulitz von Tokio Hotel, Bruce Darnell aus Germany's Next Topmodel. Wir wollten Oberheteros sein. Wie Fred Durst, der Sänger von Limp Bizkit. Der hatte ja angeblich einen Dreier mit Britney Spears und Christina Aguilera gehabt. Bei lesbischen oder bisexuellen Frauen war die Homo-Sache nämlich völlig anders. Die waren komplett geil.

Unsere Eltern haben immer gesagt, es sei so viel leichter, Jungs zu erziehen als Mädchen. Dabei war es nur leichter, uns allein zu lassen und zu ignorieren, wenn wir Scheiße gebaut hatten, weil wir nachahmten, wovon wir keine Ahnung hatten.

»Jungs sind nun mal Jungs.«

»Jungs weinen nicht.«

»Frauen wollen keine Softies.«

Wir wurden mit der Vorstellung erwachsen, dass Körperkontakt zwischen Männern komisch ist. Während meiner gesamten Schulzeit habe ich kein einziges Mal einen anderen Mann umarmt. Nicht einmal, wenn die Freundin Schluss gemacht hatte oder die Oma gestorben war. Mir wäre im Traum nicht eingefallen, einem Freund den Kopf zu kraulen oder ihm die Hand zu halten. Alles Zarte war verboten, weil es schwul war. Wir schlugen uns lieber. Zur Begrüßung so hart auf die Schultern, »NA KEULE!«, dass wir blaue Flecken kriegten. Und wenn uns langweilig war, boxten wir uns gegenseitig auf die Fingerknöchel. Wer seine Faust als Erster vor Schmerz öffnete, war der Loser, der für immer ungefickt bleiben würde.

┐

Die erste Liebe verlagerte sich zunehmend ins Internet. Lange bevor es Tinder gab, gruschelte ich mich durch schülerVZ. Ich verschickte Nudges bei MSN. Wartete ewig, bis Antonia nach der Schule online kam, und noch länger, bis sie endlich schrieb. Mir blieben wenige Monate, um sie für mich zu gewinnen. Dann würden wir Abitur machen, zum Studieren die Stadt verlassen und einander vergessen. So konnte es doch nicht enden.

Statt Handynummern, auf denen wir wegen unseres Prepaidguthabens für jede SMS 19 Cent zahlen mussten, hatten wir unsere ICQ-Nummern getauscht. Ich starrte auf das Logo, ein kleines grünes Gänseblümchen, und tat so, als zupfte ich die Blätter ab. Sie liebt mich, sie liebt mich nicht.

Ah-oh. Eine Nachricht! Nicht von Antonia. Fuck. Sondern von Malte.

»na du hurensohn ^^ was machste«

»chillen xD und du«

»auch chillen«

»cool«

Ah-oh.

Malte lud mich zu einer Partie Slide a Lama ein.

Warum meldete sich Antonia nicht? Ich hatte sie doch sogar in meine Top-Freunde bei MySpace einsortiert! Deutlicher hätte ich ihr ja wohl kaum zeigen, wie ernst ich es mit ihr meine. Ich hätte es ihr sagen können. Aber das wäre oberpeinlich gewesen. Ich hatte viel zu viel Angst, dass sie mich auslachte.

Und da gab es noch ein Problem: Mats. Obwohl er schon vor Jahren sein Abi bei uns versemmelt hatte, lehnte er jeden Mittag an seinem Golf GTI auf dem Schulparkplatz. Er hielt Antonia die Beifahrertür auf. Natürlich sah er, wie wir ihr hinterherglotzten. Antonia, die Frau, wegen der wir seit Wochen überlegten, uns den Jamba Nacktscanner zu holen. Was wäre, wenn der wirklich funktionierte? Mats haute Antonia auf den Arsch, als sie einstieg, und ließ den Motor aufheulen. Aus dem Autofenster streckte er seinen Mittelfinger raus.

»Was für ein Hurensohn«, sagte Malte.

Was für ein Drecksleben, dachte ich.

Da war ich in die Pubertät geraten, interessierte mich wahnsinnig für Mädchen – und konkurrierte um sie mit

Männern, die genauso dumm waren wie ich. Aber halt doppelt so alt.

¬

Aus dem Fenster unseres Klassenraums sahen wir ein Polizeiauto. Es hielt vor unserer Schule. Jetzt waren wir dran. Hundertzehntausend Prozent sicher. Mindestens einen von uns würden sie sich holen. Fuck, man.

Wir hatten gerade Geschichte, Nachkriegswestdeutschland war durchgesprochen, ausführlich hatten wir die Trümmerfrauen abgefeiert, die das Wirtschaftswunder ermöglichten. Den Beitrag der Gastarbeiter dazu hatten wir übersprungen, zu breit machten sich Westbindung und die Erfindung des Toast Hawaii im Lehrplan. Nun war die DDR dran. Nachkriegsostdeutschland.

Meine Mutter hatte oft von ihrer Kindheit im Erzgebirge geschwärmt. Natürlich nervte das mit den Autos, auf die man lange warten musste. Natürlich fand meine Mutter das Angebot in Westsupermärkten besser, nachdem sie mit ihrer Familie rübergemacht hatte. Aber in der DDR, fand sie, da hatten sich die Menschen gegenseitig geholfen. Jeder hatte einen Job, sagte sie, auch Frauen wie meine Oma, die deshalb nie auf das Geld eines Mannes angewiesen war.

In der Schule klang das anders: Im Westen war alles super, im Osten war alles schrecklich. Hier Freiheit, da Stasi. Als ultimativen Beweis dafür gingen wir mit der Klasse ins Kino und schauten diesen Film, der gerade einen Oscar gewonnen hatte: Das Leben der Anderen.

Auch wir hatten ein anderes Leben. Eine andere Identität. Wir gaben uns Codenamen wie die Inoffiziellen Mitarbeiter der Stasi, die IM. So wie die Leute im Film, die ihre Nachbarn und Freunde ausspionierten. Malte durfte sich den coolsten Namen aussuchen. Er war IM Kobra. Yannick, öde wie immer, nannte sich IM Erich. Marius, versaut wie immer, IM Fotze. Ich entschied mich, maximal niedlich, für IM Koala.

Wir waren echte Kinderzimmerverbrecher. Deshalb sorgten wir uns so um diesen Polizeiwagen vor der Schule. Auf unseren Computern saugten wir über BearShare, eMule oder µTorrent gigabyteweise Musik aus dem Netz, so unendlich viel Musik, dass wir sie in drei ganzen Leben nicht hätten hören können. Dazu Hunderte Filme in schlechter Qualität, die jemand einfach mit einer Digicam von der Kinoleinwand abgefilmt und ins Internet gestellt hatte. Blöd war, und das passierte ständig, wenn Ocean's Eleven mit russischer Tonspur startete oder statt dem neuen Harry Potter plötzlich Gina Wild und die Spermaklinik über den ersten eigenen Flachbildmonitor flimmerte.

An den Wochenenden trafen wir uns zu LAN-Partys. Im Winter im Keller, im Sommer in der Garage, wo wir allen Killerspielanschuldigungen zum Trotz tagelang Counter-Strike zockten. Wer Glück hatte, wurde von seinen Eltern hingefahren. Wer Pech hatte, musste seinen Tower-PC und seinen schweren Röhrenmonitor auf dem Gepäckträger balancieren. Tageslicht und Lüften waren auf LAN-Partys streng verboten. Wer nichts konnte, galt als Noob, und wer was konnte, stand ständig im Verdacht zu cheaten. Nichtleistung und Highperforming waren gleichermaßen suspekt. Komm schon, eine Runde de_dust2 noch. Aber wehe, ich erwisch dich mit Aimbot.

Wenn wir, nach literweise Energydrinks und Unmengen

von Nachos mit Käsesauce, irgendwann Lust auf eine anständige Mahlzeit bekamen, rief der Gastgeber mit dem Haustelefon die Mutter im Wohnzimmer an: »Bring mal den Pizzaflyer runter. Aber pronto.« Betont unverschämt zu sein, das war wichtig. Nicht dass wir auf die Idee kamen, dass da einer seine megapeinlichen Eltern mag. Ich bestellte mindestens vierfach Salami und Sauce Hollandaise statt Tomatensauce. Die Kartons trieften, das Fett lief uns auf den Schoß, über die Finger und in die Tastatur.

Nach Stunden um Stunden um Stunden vor unseren massiven Röhrenmonitoren tauschten wir noch bis zum Morgengrauen mies abgefilmte Kinofilme. Und ohne Ende Pornos. Es dauerte nach einer LAN-Party Wochen, das neue Material zu sichten, dabei das ganze Tier- und Pissezeug auszusortieren und in der äußerst komplexen Ordnerstruktur der eigenen digitalen Pornosammlung den richtigen Platz zu finden.

Kobra, Erich, Fotze und Koala – wir waren echte Outlaws, die keine Reue für die Milliardenverluste kannten, die sie verursachten. Obwohl uns die Konsequenzen in einem Werbespot nachdrücklich eingeschärft wurden. Darin sang diese traurige Familie vor einem Gefängnis ein Geburtstagslied für den Vater hinter Gittern. Dazu eine Drohung. Adressiert an uns: »Raubkopierer sind Verbrecher. Sie werden mit bis zu fünf Jahren Freiheitsentzug bestraft.«

Oder sie bekamen Post von einem Abmahnanwalt. Der bekannteste von ihnen hatte einen Namen wie ein TKKG-Bösewicht: Günter Freiherr von Gravenreuth. Wenn wir von dem Post bekämen, würden unsere Eltern uns mit Sicherheit verstoßen. Und, noch schlimmer, unsere Rechner und Festplatten würden beschlagnahmt. Wegen der Reparationszahlungen, das Wort kannten wir aus dem Geschichtsunterricht, an Musiklabels und Filmstudios würden wir für den Rest unseres Lebens verschuldet sein.

Scheißegal. Unbeirrt befüllten und beschrifteten wir für die halbe Schule weiter CD-Rohlinge.

50 Cent – Get Rich or Die Tryin'.

One Piece (Folge 50–81).

Milf Hunter 4.

Die anderen Jungs würden uns bewundern, ganz sicher. Die Mädchen wenigstens beachten.

Pussycat Dolls – *Don't Cha*.

Bravo Hits 49.

OC California (Staffel 1).

Vielleicht sogar Antonia.

Am Morgen unserer Geschichtsstunde hatte es eine Razzia bei dem Portal gegeben, von dem wir vorzugsweise unsere Ware bezogen. Mehrere Hundert Wohnungen waren durchsucht worden. Und das war ganz sicher der Grund, warum nun der Polizeiwagen vor der Schule stand. Angeblich waren sämtliche Klarnamen der Nutzer herausgegeben worden. Unsere mussten darunter gewesen sein: IM Kobra, Erich, Fotze und Koala waren aufgeflogen.

Gleich würden uns Polizisten die Hände hinter den Rücken drehen und mit den Knien auf den Boden drücken. Sie würden uns Handschellen anlegen, das könnte nicht mal Antonia ignorieren. Wenn sie mich abführten, würde ich ihr dabei schief zulächeln. Alles cool, Baby. Bete für mich, dass ich schnell wieder rauskomme.

Es klingelte zum Ende der Stunde. Bloß raus hier. »Ich beende die Schulstunde, nicht die Klingel.« Jaja, du Clown. Zu allem bereit traten wir hinaus auf den Flur.

Das Leben im Knast würde hart werden, voller Entbehrungen, aber wir würden es meistern. Ich würde mich dafür einsetzen, dass in der Gefängnisbücherei nicht nur todeslangweiliges Zeug wie Effi Briest und die Bibel standen. Bei meiner vorzeitigen Entlassung wegen guter Führung würde Antonia draußen vor dem Tor der JVA auf mich warten. Die Fahrt mit dem Bus wäre so lang gewesen, dass die eisgekühlte Flasche Berentzen Saurer Apfel in ihrer Hand ganz warm geworden wäre. Anstoßen würden wir trotzdem, ich in meiner Fleckentarnjacke von Sir Benni Miles und sie in ihrer Hüfthose von Miss Sixty. Sie hätte verstanden, wie dumm sie gewesen wäre, mit Mats im Golf GTI wegzufahren. Ich würde ihr großmütig verzeihen. Wir würden uns küssen und glücklich werden, bis ans Ende unserer Tage.

Aber auf dem Schulflur erwartete uns niemand. Die Polizei war nicht unseretwegen gekommen. Einer aus der Parallelklasse hatte einen aus dem Abijahrgang so lange provoziert, bis der ihm die Brille von der Nase geboxt hatte. IM Kobra, Erich, Fotze und Koala operierten weiter. Bis uns eines Tages kino.to überflüssig machen würde. Und zwar ohne dass sich unser Risiko jemals ausgezahlt hätte. Hin und wieder ein genuscheltes »Cool, danke, ciao« – das war alles, was wir in den vielen Monaten unserer großangelegten Dealerei verdient hatten. Kein sozialer Aufstieg. Kein Zungenkuss von Antonia. Nichts.

˥

Lange bevor wir an Weihnachten unsere Spotify-Jahresrückblicke posten würden, gab es eine Seite, die erst Audioscrobbler und später Last.fm hieß. Sie trackte Musik, die ich hörte. Und anhand meiner Charts ermittelte sie meine Musiknachbarn. Eigentlich war die Seite nicht fürs Dating gedacht. Aber es gab dieses Mädchen, das Tag für Tag die gleiche Musik hörte wie ich und die gleichen Konzerte besuchte.

»hi na ^^ mag deinen musikgeschmack und dein profil-pic sieht echt süß aus.«

»raaawwrr!«

»bock dass wir uns mal sehen?«

»klar xD«

»nächste woche im molotow?«

»supa«

»freu mich«

»ich mich auch. <3.«

Sie schrieb mir wirklich ein Herz. Wow. Das verstand sogar ich, der normalerweise rätselte, wofür HDL, HDGDL, HDGDDDDDDDDL oder sogar HDMSUDL stand. Ich wusste nicht, ob das eine nun schlechter oder besser war, mehr oder weniger bedeutete als das andere. Aber ich wusste: Ein Herz bedeutete ein Herz.

Ungeachtet wiederholter Mahnungen der Erwachsenen in der Schule und im Fernsehen, dass wir uns niemals mit Fremden aus dem Internet treffen sollten, fuhr ich allein aus Bad Schwartau mit dem Bus nach Lübeck und dann mit der Regionalbahn nach Hamburg. Ich nahm erstmal die U-Bahn in die falsche Richtung. Und als ich endlich im Molotow ankam, fiel mir mein Kleingeld runter, als ich mir ein Bier holte.

»Hey«, sagte sie. »Du bist Niclas, oder? Von Audioscrobbler?«

Das Konzert war schön. Wir kannten jede Zeile auswendig. Erst bewegten wir nur still die Lippen mit. Dann
sangen wir uns ins Gesicht, schrien uns an, und weil wir
sowieso schon Stirn an Stirn dastanden, küssten wir uns.
Das Konzert ging vorbei, sie zeigte mir ihre Lieblingskneipe
nebenan. Die Sonne ging auf, und wir gingen zu ihr. Sie
wohnte schon in einer WG, sagte sie, was mich sehr beein-
druckte. Im Nachtbus schob sie meine Hand unter ihren
Rock. Es würde passieren. Das erste Mal – halleluja!

Als es vorbei war, war ich komplett überwältigt. Von mir
selbst. Ich hatte eine ins Bett gekriegt. Eine, die älter war
als ich! Auch wenn es nur zwei Jahre waren, war sie so gesehen eine Milf. Ey, und es war noch unfassbarer, was für
ein Naturtalent ich war. Ich hatte mir viel schwieriger vor-
gestellt, was ich zuvor tausendfach im Internet gesehen
hatte. Ich hatte alles genauso gemacht, wie ich es vorher gesehen hatte. Bei all den Orgien, den Blowjobs, dem Analsex.
Es fiel mir ganz leicht. So schnell, wie es vorbei war, war ich
nicht einmal ins Schwitzen gekommen.

»Du, kann ich dich was fragen?«

Ich bereitete mich schon vor, ihr eine erlogene Heldenge-
schichte zu erzählen, wo ich all das gelernt hatte.

»Was ist eigentlich mit mir?«

Keine Ahnung, was sie meinte. Das Vorspiel hatte ich
übersprungen, wie ich es beim Bangbus immer übersprang.
Ich hatte im echten Leben weitergeklickt, damit es für mich
endlich losging.

Wir verabschiedeten uns. Und mein erstes Mal würde
erstmal für längere Zeit mein letztes gewesen sein.

»Und wie war's?«, fragte Malte am nächsten Tag.

»Erst war die voll der Seestern. Leider.«

»Lieber widerlich als wieder nicht.«

Was war eigentlich mit ihr? Für mich war es ein ungewohnter Gedanke, dass es beim Sex auch um die Frau gehen könnte. Weder bei den Softcorefilmchen auf den VHS-Kassetten meiner Eltern war das so und noch viel weniger bei den Hardcorepornos. Sex lernte ich als Vergnügen für Männer kennen. Bei YouPorn hatten Frauen vor allem Spaß daran, unterwürfig zu sein. Cumshots empfingen sie wie kostbare Geschenke. Weibliche Orgasmen gab es nur in der Extremform. Als Squirting. Das zeigten Pornos als Leistung des Mannes, der sie dazu gebracht hatte. Hauptsache, er war glücklich.

Ich hätte verstehen können, wie peinlich das war. Nicht zwischen Realität und Fiktion unterscheiden zu können. Ich dachte schließlich auch nicht, dass Harry Potter eine Dokumentation ist und der wirklich zaubern kann. Aber das lief ja im Kino. Was im Internet zu sehen war, war doch echt. Bei rotten.com. Die Hinrichtungen und so. Und weil mir in Sachen Sex niemand sonst was beigebracht hatte, kein Lehrer, keine Eltern, keine Mädchen, ahmte ich nach, was sie in den Pornos machten.

Ich hatte ihren Körper zum Masturbieren benutzt. Und es war mir wichtiger, vor Malte, vor einem anderen Mann, anzugeben. Ein High five zu kriegen. Mit der größten Lüge überhaupt.

»Am Ende habe ich ihr so sechs Orgasmen gegeben. Also, ich hab nicht mitgezählt. Aber mindestens.«

»Saubere Arbeit«, er klopfte mir auf die Schulter. »Du Hurensohn.«

Diesem Wort war er mittlerweile vollends verfallen. Jeden Satz beendete er damit, die meisten begann er auch damit. Ein Füllwort ohne Bedeutung. Jeder und alles war: Hurensohn. Vielleicht lag es daran, dass er seinen 18. Geburtstag auf St. Pauli verbracht und uns den Besuch in der Herbertstraße in allen saftigen Details geschildert hatte. Die heftigste Milf, die wir uns vorstellen konnten. Die nicht mal Geld wollte, weil Malte es so übertrieben draufhatte. In seiner mittlerweile perfekten Imitation von Voll Assi Toni sagte er: »Einmal figge, weiterschigge!«

Kenn dein Limit!

In den Sommerferien flogen viele von uns zum ersten Mal nach Rom, Athen oder London. Sie konnten zwar für neun Euro hin und zurück, aber vor Ort merkten sie, wie teuer Trips in westeuropäische Großstädte waren, wenn man nur das Geld von seinem Minijob in der Tasche hatte. Dann nippten sie zwei Stunden im billigsten Imbiss der Stadt am ersten (und letzten) Caipi ihres Lebens und gingen in Museen, die sie langweilten, aber wenigstens umsonst waren.

Ich fuhr lieber zu Musikfestivals in die nordschwedische Provinz, nach Spanien oder Mecklenburg-Vorpommern und schlief auf einer dünnen Isomatte, durch die jeder Stein zu spüren war. Nachts war es im Zelt arktisch, morgens tropisch, es regnete rein, ich hatte maximal eine Unterhose zum Wechseln dabei und genoss jede Sekunde.

Auf dem Campingplatz in Scheeßel war es irre staubig. Seit Tagen hatte der Boden keinen Tropfen Wasser abbekommen, ich sowieso nicht, meine Popel waren schwarz wie sonst was und die kalte Dose Ravioli zum Frühstück drückte im Magen. Die anderen hielten mich für größenwahnsinnig. Vollkommen verrückt. Ich hielt es für ein Duell auf

Augenhöhe. Zur Motivation ohrfeigte ich mich ein paarmal selbst. Ich gegen vier Dosen körperwarmes Bier auf ex.

Sarah füllte das erste Adelskrone Premium Pils in den Trichter. Den hatten wir beim Obi an der Autobahn gekauft und auf dem Campingplatz mit den restlichen Teilen zusammengesteckt. Ein Polymer-Schlauch, zwei Meter lang, damit ordentlich was reinpasste, dazu Klemme und Ventil. So entstand diese herrliche Saufmaschine, die so viel mehr zu bieten hatte als das minderwertige Dosenstechen. Das machte man allein. Wollte man dagegen einen Trichter bedienen, brauchte es zwei, besser drei Leute. Bei anderen Trinkspielen gab es Verlierer und die, die über andere triumphierten. Wir spielten, um zu spielen. Wir trichterten, um gemeinsam zu gewinnen.

Wir waren wirklich fixiert auf den größtmöglichen Pegel. Wir waren die, die mit Robbie Bubble schon als Kinder ans Glas gewöhnt wurden. Seit einiger Zeit hatte uns die Alkoholindustrie als Zielgruppe entdeckt und erfand exklusive Getränke nur für uns: Smirnoff Ice, Bacardi Rigo. Alkopops. So süß und klebrig, dass wir den Alkohol nicht mehr schmeckten. Die Erwachsenen taten mal wieder so, als wären wir daran schuld. Sie warfen uns vor, enthemmt und abgestumpft wie wir seien, »Komasaufen« als Hobby erfunden zu haben. Um uns davon abzuhalten, erfanden sie eine Kampagne. *Kenn dein Limit!* Nur: Woher sollte ich das denn kennen, wenn ich es nicht mindestens einmal weit überschritten hatte? Zum Beispiel per Trichter.

Vier Dosen, das sind zwei Liter, maaaaan, Sarah, nicht so schnell eingießen, ich muss kotzen, wenn da zu viel Schaum drin ist. Zweitausend Milliliter. Brutal, aber machbar. Ich kniete mich hin, den Schlauch im Mund. Daumen hoch, Yannick aus der Schule öffnete das Ventil, gleichzeitig stieß Sarah den Trichter in die Höhe. Im Schlauch entstand enormer Druck, das ist Physik, Schwerkraft und Erdanziehung. In mir entstand diese geile Mischung aus Vorfreude und Angst. Dazu ertönten Streicher und Blechbläser. Einer hatte die Titelmelodie von Fluch der Karibik angemacht. Meine Freunde feuerten mich an, auch vom benachbarten Camp kamen sie rüber.

»Schluck! Schluck! Schluck!«

Menschen, die mich noch nie gesehen hatten, riefen meinen Namen. Vielleicht noch zwei-, dreimal schlucken, schätzte ich, bittebittebitte nicht noch mehr. Und dann war das Scheißding endlich trockengelegt.

»Fuuuuuuuuuuck, jaaaaa!«

Mein Urschrei, der Applaus von Sarah und Yannick und von allen, die sahen, wie ich mich unsterblich gemacht hatte. Mit den Armen hinter dem Rücken verbeugte ich mich vor ihnen.

Der Acker war auf einmal deutlich hügeliger geworden. Ein Schritt vor, zwei zurück, drei zur Seite. Vier Bier auf einmal schepperten dann doch ganz ordentlich. Den Auftritt von Mando Diao verpasste ich, eingepennt im Campingstuhl, dabei war ich deshalb aufs Festival gefahren.

And it's true that I'm in for a punch and a blast / Yeah, down in the past / I'll make sure that you remember

Wir sperrten Yannick in ein Dixiklo, versiegelten es mit Klebeband und lachten uns tot, wie er da drin in den Scheißedämpfen fremder Leute litt. Bei den Konzerten unserer Lieblingsbands halfen wir uns gegenseitig hoch, um uns auf Händen Richtung Bühne tragen zu lassen. Stagediving, nur rückwärts. Manchmal knallte ich dabei aus zwei

Metern runter, voll auf die Schulter. Solche Prellungen schmerzten erst, wenn ich mich am darauffolgenden Montag wieder vollends nüchtern in der Schule langweilte.

Hier auf dem staubigen Campingplatz waren wir ausnahmsweise mal ganz groß. Zu Hause kam es uns vor, als ob die ganze Welt uns kleinredete. Streng dich an, sonst wirst du nichts. Dann dreht RTL eine Doku über dich und dein Versagerleben und du landest bei TV total. Mach alles genau so, wie wir dir das sagen. Ertrag es. Ausbildung sind keine Herrenjahre. Je mehr Druck sie aufbauten, desto mehr mussten wir ablassen. Das Ventil der Bierbong erledigte das zuverlässig.

Ständig mussten wir uns überbieten. Wer klaute das teuerste Produkt bei Kaiser's oder Tengelmann (und wusste anschließend nichts mit Trüffel oder Tinkturen für Omahaut anzufangen)? Wer entglaste als Erster eine komplette Bushaltestelle? Wer trat die meisten Laternen aus? Wer traute sich, gegen den Elektrozaun zu pissen? Hier, ich! ICH!

Die dümmste aller Ideen, die ich bis dahin gehabt hatte: ein brennendes Streichholz auf meiner Zunge zu löschen. Über Wochen konnte ich danach nichts essen oder trinken, was wärmer war als Zimmertemperatur. Bereut habe ich es trotzdem keine Sekunde. Es war eine gute Geschichte, die ich jedem erzählte, ob er sie hören wollte oder nicht.

Wir haben diesen Unsinn nie gefilmt. Unsere Nokia 3310 konnten das nicht. Und darin lag seine besondere Schönheit. Alles, was wir erlebten, war reine Gegenwart. Dokumentiert nur in unserer Erinnerung, wo es durch das Wieder-und-wieder-Erzählen immer größer und schöner und wichtiger wurde, als es jemals in echt gewesen sein konnte. Wir waren da, an dem Ort, in dem Moment. Und nirgends sonst.

Du bist Deutschland

Die Welt war größer als die Stadt oder das Viertel, aus dem wir kamen. Das wussten wir seit 9/11. Als wir Kinder waren, deren Welt sich auf die schrecklichste Art weitete. Was es bedeutete, in einer grenzenlosen Welt zu leben, in der uns alles anging, egal, wo es passierte – das verstanden wir erst, als wir sie selbst bereisten und abends an der Hostelbar Leute in unserem Alter aus anderen Ländern kennenlernten. Bald fingen wir an, genauer darüber nachzudenken, was das eigentlich hieß, wenn sie uns fragten, woher wir kamen, und wir antworteten: »From Germany.«

In einer der sieben berühmten Lübecker Kirchen zum Beispiel, da lagen, seit ich Schulausflüge in die sieben berühmten Lübecker Kirchen unternehmen musste, kaputte alte Glocken in der Nähe des Altars. Die Bombe eines britischen Flugzeugs hatte sie in der Nacht zum Palmsonntag im Jahr 1942 aus dem südlichen Kirchturm gerissen und sie waren auf dem Boden zerschellt. Nach dem Krieg ließ man sie dort als Mahnmal. Als schmerzende Erinnerungen an die Luftangriffe der Briten auf die Stadt. Um an diese Nacht zu erinnern, reisten Jahr für Jahr auch ein paar Neonazis zu einem Gedenkmarsch nach Lübeck. Die Luftangriffe nannten sie »Bombenholocaust gegen Deutsche«. Wir gingen Jahr für Jahr hin, um sie daran zu hindern.

Zu meiner ersten Demo gegen die Neonazis nahm mich Thilo mit. Er war zwei Jahrgänge über mir, wir hatten uns kennengelernt, als wir in der Schlange im Schulbistro feststellten, dass wir das gleiche Bandshirt trugen. Er war stramm links, hasste Deutschland, und wenn er so richtig oberschlau klingen wollte, also immer, packte er vor seine Sätze ein: *Wie Adorno schon sagte ...* Kein Plan, wer das war, und noch weniger Plan, warum Leute wie Thilo als oberschlau galten, wenn sie sich Gedanken liehen und dabei betonten, von wem sie sie hatten. Dazu trug er gern ein Shirt mit dem Porträt von Arthur Harris, dem Oberbefehlshaber der britischen Bomberflotte, der die Angriffe angeordnet hatte. Auch die auf Lübeck. Auf seinem Shirt stand: *Bomber Harris – do it again.*

Gemeinsam liefen wir dem Startpunkt des Nazi-Aufmarsches entgegen. Ich hatte noch nie etwas blockiert, wusste nicht, wie das ging, aber dafür hatte ich ja Thilo. Das da vorne sei eine Hundertschaft, erklärte er, Polizisten der sogenannten Beweissicherungs- und Festnahmeeinheit. In voller Kampfmontur.

Die Demo war voller Klischeefaschos: Glatze, Stiefel, Reichsadlertattoo. Wir schrien: »NAZIS RAUS!« Wir waren mehr und lauter als sie. Die konnten ihre eigenen Reden kaum verstehen. Wir versauten ihnen echt den Tag. Neben uns wurden die ersten Bierchen geöffnet und durchgereicht. Die Neonazis kamen keinen Meter voran auf ihrem Gedenkmarsch. Darauf konnten wir wirklich mal anstoßen.

Einer von uns, den Thilo kannte und der noch krasser

drauf war als er, schmiss eine Flasche in Richtung der Neonazis. Sie landete vor den Polizisten, platzte auf dem Asphalt
und die Scherben kratzten einem von ihnen an den Stiefeln.
Ungefähr 20 seiner Kollegen lösten sich aus der Kette, die sie
zwischen den Neonazis und uns gebildet hatten. Sie klapp-
ten die Visiere runter.

Thilo packte mich an der Schulter.

Keine Ahnung, was er von mir wollte.

»Abhauen, was sonst? Los, man!«

»Hä, warum denn? Wir haben doch nichts gemacht.«

Die Polizisten zogen ihre Knüppel raus.

»Halt's Maul jetzt! Komm!«

Ich rannte, hörte das Zischen von Reizgas. Weg von den
Polizisten, für die Thilo sowieso nur einen Namen hatte. Ich
jetzt auch: Scheißbullen.

⌐

Wir Deutschen bauten die besten Autos der Welt. Daran
würde sich garantiert nie etwas ändern. Wer soll denn jemals bessere bauen, die Chinesen? Wir hatten die beste
Währung aller Zeiten, die harte D-Mark, und sie verloren.
Viele Alte sehnten sich nach ihr zurück, es war noch nicht
lange her, dass der verhasste *Teuro* eingeführt worden war.
Ich mochte den, ich fand es ziemlich cool, italienische, fin-
nische und die Münzen aus Vatikanstadt in ein Sammel-
album einzusortieren. Manche lobten die große Sicherheit
des Landes. Garantiert von deutschen Waffen in der ganzen
Welt. Wir waren Vize-Weltmeister und uns bei einem unumstößlich sicher:

Es gibt nur ein' Rudi Völler / Eiiiiiin' Rudi Vöööööööller!

Aber offen und für alle sichtbar stolz auf dieses Land zu sein, war noch nicht mehrheitsfähig. Wir waren steif, unangenehm, kalt und irgendwie peinlich. Trotzdem wollte die ganze Welt zu uns. Sagten diese ganzen Opas in Anzügen, die sich meistens schrecklich stritten, aber nun ausnahmsweise mal einig waren. Wir dürfen nicht zulassen, dass sie kommen, um hier zu faulenzen oder Straftaten zu begehen. *Ein guter Gast passt sich den Regeln des Gastgebers an.* Diese speziell deutsche Willkommenskultur kannte ich gut, wenn ich zum Spielen bei Freunden zu Hause war. Irgendwann sagten Marius, Yannick oder Malte: »Du musst jetzt gehen – wir essen gleich.«

Leitkultur. Was sollte das denn sein? An was sollten diese neuen Geburtsortdeutschen sich anpassen? Mercedes und Hitler? Sauftourismus zum Oktoberfest, zum Ballermann und Sextourismus nach Thailand? Haxe und Labskaus? Mülltrennung und Autobahn? Unsere Skisprungadler? Loddar und Bobbele, Schumi und Ulle?

Da war niemand, der eine überzeugende Antwort lieferte. Autos, Waffen, fettiges Essen. Keinem ging es je darum, was an Deutschland freundlich oder süß oder gar liebenswert sein könnte. Es ging immer darum, dass sich Deutsche, also richtige Blutdeutsche, nicht fremd im eigenen Land fühlten.

In meiner Schule sahen alle mehr oder weniger aus wie ich, selbst die Flüchtlingskinder aus dem zerfallenden Jugoslawien. Die hatten zwar schwarze Haare und wir blonde, aber bolzen und Lego bauen konnte ich mit denen genauso gut. Besuchten wir Verwandte in der großen Stadt, führten die uns zu überaus netten Koreanern oder Afghanen, wo das Essen fremd, aber megalecker war. Im Fernsehen zeigte uns Türkisch für Anfänger, dass es sehr okay, ziemlich charmant und ein bisschen witzig ist, wenn sich zwei Menschen verlieben, von denen nur einer deutsch ist. Keine Ahnung, warum die Anzugmänner so einen Schiss vor dem hatten, was sie *Multikulti* nannten. Ich hörte immer, wie schlimm das sei, und vielleicht sprachen sie es deshalb so aus, als wäre es eine ansteckende Krankheit mit schlimmen Symptomen wie der Bildung von Parallelgesellschaften.

Die Anzugmänner wollten deshalb eine Deutschquote fürs Radio, die verordnete: Jeder soundsovielte Song müsse auf Deutsch gesungen sein. Es könne ja nicht sein, dass wir ausschließlich mit amerikanischer oder noch schlimmerer Musik aufwuchsen. Dabei hörten wir doch längst zu, wie – auf Deutsch! – die *schlechtesten Sprayer* der Stadt engagiert wurden, um mit dem Vorschlaghammer ein Denkmal zu zertrümmern. Wir versteckten unseren Ehering, *klingelingeling, wir könnten's bringen.* Wir sorgten uns sogar, ob im Erzgebirge denn der alte Holzmichl noch lebte.

Ja, er lebt noch, er lebt noch, stirbt nicht!

In der Schule bekamen wir Ärger, sobald wir es wagten, englische Wörter in deutschen Sätzen zu benutzen. Sagten wir cool oder crazy, schlugen uns die Lehrer knorke Alternativen vor. Sinn macht es nicht, Sinn ergibt sich. Boah. Benutzten sie Fremdsprachen – Alea iacta est. Honi soit qui mal y pense – fanden sie sich superschlau. So zu reden, galt als *kultiviert.* Tja. C'est la vie.

Wir bekamen Ärger für falsche deutsche Wörter in deutschen Sätzen. Ich bekam es natürlich nicht so fies ab wie Milan oder Amira, wenn sie mal einen falschen Artikel benutzten und Herr Krüger das als persönliche Beleidigung auffasste. Aber wie so viele Menschen in Deutschland hatte auch er diesen Bestseller gelesen: *Der Dativ ist dem Genitiv sein Tod.* Über dessen Lektüre hatten sie angefangen, uns für unser ach so schlechtes Deutsch zu hassen. Das hatten wir uns wahlweise bei den Teletubbies, Rappern oder Arbeitslosen im Fernsehen abgeschaut.

Unsere Sprachpflege bestand bald darin, dass wir absichtlich von Weichgetränken statt von Softdrinks sprachen. Wir aßen Hähnchenklumpen statt Chicken Nuggets. Um zu zeigen, wie bescheuert wir diese verordnete Liebe zur deutschen Sprache fanden, trugen wir Ziehüber und wellenreiteten im Zwischennetz.

Noch schlimmer war für Herrn Krüger nur, was wir in der Werbung hörten. *Geiz ist geil. Da werden Sie geholfen.* Was für eine Sprachverhunzung. Kultig war aber, wenn ihr *lieber Arald* seine Sexnacht mit seiner Französin herbeifantasierte, darüber *eine Flasche von die Bier* leerte, das Erwachsene wie unsere Lehrer gerne tranken. *Die so schön hat gebrickelt in ihre Bauchnabel.*

◥

Wir hatten jetzt eine Kanzlerin. Angela Merkel. Eine ostdeutsche Frau, die streng wirkte, aber nicht herzlos. So gesehen, war sie genau wie meine Mutter. Dass sich so eine Frau nun um alles kümmern sollte, erschien mir vernünftig. Besonders im Direktvergleich mit den Typen davor.

Über Helmut Kohl, den ersten Kanzler meines Lebens, wussten wir, dass er fett war. So richtig unmenschlich megafett. Wegen seinem Lieblingsessen: Pfälzer Saumagen. Außerdem hatte er eine komische Vampirfrau mit Sonnenallergie. Jaja, die Wiedervereinigung, die gab es seinetwegen. Aber die war halt auch ewig her. Am ersten Tag der Deutschen Einheit habe ich noch warm in die Windel geschissen.

»Warum züchtet der Chef der SPD Kaninchen? Weil sie Kohl fressen.« Gerhard Schröder, den zweiten Kanzler unseres Lebens, kannten wir aus Witzen, vor allem als Gummifigur aus der Gerd-Show. Auf VIVA sang ein Kanzlerstimmenimitator auf die Melodie vom *Ketchup Song*.

Ich erhöh' euch die Steuern / Gewählt ist gewählt, ihr könnt mich jetzt nicht mehr feuern / Das ist ja das Geile an der Demokratie

Ich zahlte keine Steuern, ich durfte noch nicht mal den Bundestag mitwählen. Verarscht fühlte ich mich trotzdem.

Im Fernsehen sah ich eine Spiegel-TV-Doku. Der Kanzler unter Menschen. In der einen Hand eine Bratwurst im Brötchen, von der er regelmäßig abbiss, mit der anderen Hand unterschrieb er Autogrammkarten.

Der Kanzler: »Wer will noch?«

Gleich mehrere Menschen meldeten sich. Ui, so ein Andrang. Er deutete auf sein Bratwurstbrötchen.

Der Kanzler: »Kann mir das mal einer abnehmen?«

Ein kleiner Junge: »Ja, hier!«

Der Kanzler: »Kannste weiteressen. So 'ne Kanzlerwurst – die kannste weiteressen, hehehehe.«

Der Spruch kam gut an, alle lachten, auch der Kanzler, den das ganze Autogrammschreiben offenbar durstig machte.

Der Kanzler: »Hol mir mal 'ne Flasche Bier, sonst streik ich hier.«

Bekam er natürlich. Und dazu Besuch von der Kanzlergattin.

Der Kanzler: »Magst du auch einen Schluck Bier?«

Die Gattin: »Nein.«

Der Kanzler: »Komm, ist zehn nach sechs.«

Die Gattin: »Ich hab doch ... –«

Der Kanzler: »Es ist zehn nach sechs.«

Also schüttete er das nächste Glas ein.

Um unsere politische Bildung stand es hervorragend, wir wussten immerhin so viel: Der erste Kanzler war fett, der zweite ein geldgieriger Spritti. Nun war da also Angela Merkel. Eine Kanzlerin, über die wir erstmal wenig wussten.

In dieser Zeit fühlte es sich an, als interessiere sich auf einmal die ganze Welt für Deutschland. Ihretwegen. Und wegen Benedikt XVI., unserem Mann in Rom. Wir waren Papst. Wir – das sagte man jetzt so. Meinte nicht nur sich und sein Nahumfeld. Sich und alle, die ungefähr so alt waren wie man selbst. Wir – das meinte: die Deutschen. War ich da eigentlich mitgemeint? War ich Teil eines neuen deutschen Wir? War ich auch Papst?

Im Kiosk, der auf meinem Schulweg lag, hielt ich einmal im Monat Ausschau, ob die neue GameStar schon eingetroffen war. Das geilste Magazin über Computerspiele, das es gab. Die hatten einen eigenen Reporter in den USA und sogar einen in Japan. Voll der Traumjob, dachte ich damals. Die ganze Zeit rumfahren, Leute besuchen und Reportagen schreiben. Und da war sie! Die GameStar-Ausgabe vom August! Mit einer Vollversion von Fallout Tactics! Exklusivbesuch in Texas bei 3D Realms, den Entwicklern von Prey! Geilgeilgeilgeil.

An der Kasse fiel mein Blick noch auf die Bravo. Nicht unbedingt, weil mich die einhundert Geheimnisse von US5 interessierten, die auf dem Cover angekündigt wurden.

Mein Blick fiel auf das beigelegte XXL-Poster von Jay, Richie und Izzy, den Sängern der Band. Oben ohne am Strand. Es handelte sich um ein Wendeposter. Auf der Rückseite war: unser Papst im weißen Umhang. Ein Typ aus Bayern, der aussah wie eine Mumie. Er war weder muskulös noch reich. Er war Lateinliebhaber und Jungfrau.

Der war jetzt in der Bravo? Der war jetzt Deutschland?

┐

Mein Vater und ich klatschten Nackensteaks mit roter Marinade auf den Grill. Wenn Flammen aufloderten, löschten wir sie mit Bier.

»Muss sein ...«

»... gibt Aroma!«

Guckten wir zusammen Fußball, vervollständigten wir einander sogar die Sätze. Sonst hatten wir uns, seit ich ein nerviger Teenager geworden war, immer weniger zu sagen. Nur dank des Fußballs brach die Verbindung zwischen uns nicht ab. Solange wir uns gemeinsam vom nächsten Deutschlandspiel oder dem nächsten Supertalent des BVB mitreißen ließen, überbrückte der Fußball die Distanz zwischen uns. Solange was auf dem Platz passierte, hatten wir immer was zu reden.

Über einem weiteren Bier, den Nackensteaks und einem außen verkohlten und innen noch gefrorenen Knoblauchbaguette sahen wir uns die Eröffnung der Fußballweltmeisterschaft an. Ein Jungenchor begleitete in der Arena von München eine bayerische Marschband, sie trugen Hirschlederhosen, an denen sicherlich monatelang genäht worden war. Da waren Schuhplattler, Goaßlschnalzer und Schellenrührer und ein meterhoher Heuwagen, reingeschoben von strammen Buam.

Ich konnte nicht wissen, dass ausgerechnet München, eine Stadt am anderen Ende der Republik, einmal mein Zuhause sein würde. Es wirkte volkstümlich, ein bisschen albern, aber gar nicht mal abschreckend. Es war viel eher niedlich, und ich begann, dem Kaiser Franz Beckenbauer sein Motto für diese WM zu glauben: *Die Welt zu Gast bei Freunden*. Bei Goleo, dem Löwen ohne Hose. In einem Land, das genauso alt war wie ich, und das, wie ich, den Sommer seines Lebens feiern würde.

So wie mein Vater und ich machte man das seit Generationen. Vater und Sohn, vereint auf der Couch beim Fußballgucken. Es gab zwar viele Menschen wie uns, viele, die Fußball liebten, aber es gab auch immer eine Menge Menschen, die Fußball öde fanden. Die meisten planten ihre Woche nicht um den Spielplan eines Vereins und noch viel weniger um ein Länderspiel der Nationalmannschaft.

In diesem Sommer war das anders. Wir hatten eine Kanzlerin. Einen Papst. Und einen Kaiser, der uns eine Weltmeisterschaft nach Deutschland geholt hatte. Fußballgucken wurde von der Privatsache zum Event. Public Viewing. Jede noch so kleine Dönerbude hatte auf einmal einen eigenen Fernseher aufgehängt. Nicht drinnen, wie es Sportsbars schon ewig machten, sondern auf Terrassen, in Hinterhöfen oder auf dem Bürgersteig.

Wir durften jetzt auf der Straße sein und dabei Spaß haben. Die Straße war nicht länger nur für Rentner da. Mit Malte und den anderen fuhr ich nach Lübeck, auf den Riesenparkplatz vor der Kongresshalle. Als wir aus dem Bus stiegen, hörten wir Trommler und aus den Boxen vor der

Großbildleinwand ballerte Musik. Wir mussten keinen Eintritt zahlen, wir mussten unsere Fanta-Korn-Mische (im Profiverhältnis 90:10) nicht einmal hineinschmuggeln. Es gab keine Sicherheitskontrollen. Angst vor Terroristen oder Amokläufern hatte in diesem Sommer niemand. Nicht einmal wir, die mit ihnen aufgewachsen waren.

Mit Tausenden anderen sahen wir auf der Großbildleinwand das Spiel Deutschland gegen Polen. Odonkor auf Neuville. Jaaaaaaaa, man. JAAAAAAA! Wir durften in der Öffentlichkeit rumbrüllen, ohne einen Platzverweis zu kriegen. Wir umarmten Fremde, wir knutschten einander aufgemalte Deutschlandflaggen aus den Gesichtern. Solche Zärtlichkeiten zwischen Männern waren plötzlich erlaubt, sogar erwünscht. Eine Umarmung nach einem Tor war kein bisschen schwul. Sie gehörte dazu. Malte kannte einen, der schon volljährig war, bei dem wir zu fünft auf der Rückbank mitfuhren. Schnell noch das Söckchen für den Außenspiegel richten und dann: Hup Hup Hup für die Nation.

Eins, und zwei, und drei, und vier / 54, 74, 90, 2006

Diese inoffizielle Nationalhymne der Sportfreunde Stiller sang ich mit, so richtig laut. Und die echte Nationalhymne. *Einigkeit und Recht und Freiheit.* Dabei legte ich sogar die Hand aufs Herz. So was machte dieser Sommer aus mir. Manchmal musste ich an den deutschlandhassenden Thilo denken. An all das, was er mich gelehrt hatte und mir nun scheißegal war. Diese Mannschaft war genau so wie das Deutschland, vor dem sich die Anzugmänner gefürchtet hatten: Mike, Miroslav und Gerald. Alte Typen, die cool waren. Dazu der süße Poldi, der süße Schweini, die unsere großen Brüder sein könnten. Die friedensnobelpreiswürdige Machtübergabe im deutschen Tor. Jens Lehmann hielt alle

Elfmeter, weil ihm vorher jemand einen Zettel zugesteckt hatte, auf dem stand, wo die Argentinier hinschießen. Ich weinte bittere Tränen, als uns die Italiener besiegt hatten. Der dritte Platz. Der Lucky Loser. Der Weltmeister der Herzen. Wir waren glücklich, obwohl wir nicht gewonnen hatten. Ausgerechnet durch den Fußball lernten wir, dass es nicht um das Ergebnis ging, sondern um den Weg dahin.

Später schauten wir im Kino eine Doku über uns. Über die Deutschen und ihr Sommermärchen. Als müssten wir uns auch erst auf einer Großbildleinwand sehen, damit wir es wirklich glaubten: 'Schland, ohne das Deutsch vorne, das war ja gar nicht so steif, unangenehm, kalt und peinlich, wie wir gedacht hatten. Gar nicht so preußisch wie die Trikots unserer Jungs in Schwarz-Weiß. Das Land, unser Land, es war 'Schland. Und es war schwarz-rot-geil.

Du wirst die Schule noch vermissen

In Sarahs Renault Twingo war der Anschluss für meinen iPod kaputt. Also keine Möglichkeit für mich, unseren Roadtrip von Bad Schwartau nach Hamburg musikalisch zu unterlegen. Dabei wäre das eindeutig meine Aufgabe gewesen. Ich war nämlich der Erste, der gesehen hatte, wie sie auf den Rewe-Parkplatz eingebogen war, um mich und Yannick und Marius abzuholen. Ich hatte als Erster gerufen: »Shotgun!« Und alle akzeptierten, dass der, der das zuerst rief, vorne sitzen durfte. Neben der Fahrerin. Die war unbestritten Sarah, denn sie hatte ein Auto und einen Führerschein. Wir nicht. Der Beifahrer, das weiß jeder, der so was mithilfe des Shotgun-Spiels klärte, hatte für das leibliche Wohl der Fahrerin zu sorgen und für die Auswahl der Musik. Und jetzt war der Anschluss kaputt.

Wir konnten ja wohl kein Radio hören, NDR2 oder so, wo nur peinliche Elternmusik lief und Nachrichten, die uns mittelmäßig interessierten. Sarah legte eine CD ein. Okay, dachte ich, dann eben die alte Schule. Eine CD. Aber da war keine Musik. Da waren Worte. Eine wahnsinnig gelangweilte Stimme, die wahnsinnig gelangweilt ihren Namen aufsagte, den ich von VIVA kannte, und den ihres Buches.

Charlotte Roche. Feuchtgebiete. Gelesen von der Autorin.

»Was ist das denn für 'ne Scheiße jetzt?«, fragte Marius von hinten.

»Ein Hörbuch.«

Ich halte sehr viel von der Altenpflege im Kreise der Familie. Als Scheidungskind wünsche ich mir, wie fast alle Scheidungskinder ... –

»Geht ja los wie diese Scheiß-Buddenbrooks!«, sagte Yannick. »Musst du das für die Schule hören oder was?«

»Wartet doch mal. Wird gleich geil.«

Sarah übersprang ein paar Kapitel.

Mit dem Finger kurz in die Muschi getunkt und etwas Schleim hinters Ohrläppchen getupft und verrieben. Wirkt schon beim Begrüßungsküsschen Wunder.

Das muss doch ein Versehen sein, dachte ich. So was wie die Hauptfigur Helen Memel da erlebt, das steht doch niemals in einem echten Buch drin. Draußen rauschten die Autobahnausfahrten vorbei – Lübeck-Zentrum, Kreuz Lübeck, Reinfeld, Bad Oldesloe –, drinnen wurde es so still wie noch nie in Sarahs Auto. Sie grinste, während sie durch die Kapitel skippte. Wir staunten.

Wenn klar ist, dass ich gleich Sex habe mit jemandem, der auf Analverkehr steht, frage ich: mit oder ohne Schokodip?

Ahrensburg, Barsbüttel, rauf auf die A24, runter beim Horner Kreisel. Nahezu ehrfürchtig lauschten wir der gelangweilten Frauenstimme aus dem Hörbuch.

Früher galt es als ekelhaft für einen Mann, eine Frau zu ficken, die blutet. Die Zeiten sind ja wohl lange vorbei.

Das war unglaublich, was Sarah uns da zeigte. Frauen hatten Ausfluss. Sie bluteten, hatten auch wucherndes Haar in der Unterhose und genauso viel Bock auf Selbstbefriedigung. Plötzlich war es offenbar nicht mehr verboten, darüber zu reden. Vor allem nicht als Frau. Man konnte ein Buch darüber schreiben, es laut vorlesen – und das wurde sogar auf eine CD gepresst. Später gab es auch noch eine Verfilmung davon.

Grenzüberschreitungen. Komplett eklig sein und davon labern – das ging nicht nur privat, wenn wir über das Gerücht rätselten, das original jeder kannte, nämlich, ob sich Marilyn Manson wirklich zwei Rippen hatte entfernen lassen, um sich selbst einen zu blasen. Das ging nicht nur im Internet. Bei YouTube. Die ganzen Opas im Fernsehen und die Lehrer konnten noch so sehr sagen, Feuchtgebiete sei abstoßend. Wir jedenfalls, wir waren Fans von Helen Memel. Und ihren Hämorrhoiden.

˥

Während der gesamten Oberstufe lief alles auf eine Zahl hinaus: den Abischnitt. Selbst die Nachkommastelle entschied über ein gelungenes oder ein verpfuschtes Leben. Eines mit gutem Job oder Arbeitslosigkeit. *Gerade in dieser Wirtschaftslage.* Millionen Amerikaner konnten gerade ihre Häuser nicht mehr abbezahlen. Es war wie damals bei 9/11. Am anderen Ende der Welt brach etwas zusammen und irgendwie war das auch mein Problem. *Too big to fail. Whatever it takes.* Der Staat muss die retten, die ihn verachten. Der Staat muss den Kapitalismus retten. *Der Markt regelt das.* Von wegen.

Jeden Abend war die Kanzlerin im Fernsehen und sagte Sachen, die beruhigen sollten. »Die Spareinlagen sind sicher.« Weil ich sowieso keine hatte, war mir das relativ egal. Aber ständig redeten alle von einer einmaligen *Jahrhundertkrise*. Einmal im Jahrhundert. Das beruhigte mich. Denn das hieß ja, so etwas würden wir nicht noch einmal erleben. Eigentlich war das ein gutes Timing, so direkt zum Abi. Nach der Krise, wenn wir mit unseren miesen Abischnitten auf den Arbeitsmarkt gespült würden, würde es bestimmt nur noch aufwärts gehen.

Wir fuhren im Nachtzug nach Italien. Abschlussfahrt! In unserem Abteil mit den ausklappbaren Betten lag ganz oben Florian, Abischnitt: 3,4. Unten lag Marius, Abischnitt: 3,7. In der Mitte ich, Abischnitt: 2,8.

Insgesamt war also nicht sonderlich viel von uns zu erwarten. Wir würden weder Jura noch Medizin studieren. Wir montierten den Rauchmelder im Abteil ab und legten uns auf unsere Nachtzugbetten in drei Etagen. Von oben nehmen, zweimal ziehen und möglichst lange den Rauch drin behalten, nach unten weitergeben. Malte stopfte sich eine ganze Tüte Chips rein, ich bekam einen Lachanfall, so gestört, so geisteskrank witzig klangen die Ortsnamen in Südtirol: Bolzano ging ja noch. Aber Bozen, Alder, Booozen. Boooooozzzääään. Gedisst wurde, wer husten musste. *Richtige Kinderlunge!*

Über das Italien, in dem wir angekommen waren, wussten wir, dass sie gerade einen genauso seltsamen Kanzler hatten wie wir vor Mutti Merkel. Silvio Berlusconi zog sich ohne Ende Kokain rein und feierte Bunga-Bunga-Partys mit Mädchen, die jünger waren als ich. Irgendwie war er uns ähnlich, und das war das Erschreckende. So wurde man also, wenn man als Erwachsener zwar viel Geld hatte, aber nie der Pubertät entwachsen war.

Herr Krüger, unser Lehrer, hielt seinen Stadtrundgangs-monolog. »Und hier«, näselte er. »Hier sehen wir den Dom von Florenz.« Die Fenster von Ghiberti, Kuppel von Brunelleschi. Jaja. Wissen wir doch längst! Wir sind schon in Florenz gewesen dank Assassin's Creed II, das gerade für die Playstation rausgekommen war.

»Prägend für Florenz war die Familie Medici. Sie hatte viele Feinde«, näselte Herr Krüger weiter. »Feinde, die sie mit Geld und Charme überzeugten.«

»Die Medici haben Auftragskiller beauftragt!«, rief Malte dazwischen.

»Wie bitte?«

»Die Medici haben Killer beauftragt!«

»Woher haben Sie das denn, Malte?«

»Von Assassin's Creed.«

»Wie bitte?«

»Von Assassin's Creed, Mann!«, sprang ich Malte bei. »Da spielt man einen Profikiller, aber einen, der Lorenzo de Medici rettet, als die Pazzi-Verschwörer ihn umbringen wollen. Und zwar da!« Ich zeigte auf den Dom, direkt vor uns, und konnte immer noch nicht glauben, dass ich gerade da stand, wo ich gestern noch im Spiel gewesen war.

»Profikiller?«, fragte er.

Herr Krüger guckte, als hätte er uns am liebsten eine geklatscht. So wie früher, als er das noch durfte. In der *guten alten Zeit.*

»Ja, man ist bei Assassin's Creed auf der Playstation halt so ein Assassine, also ein in allen Formen des Tötens trainierter... –«

»Ruhe jetzt! Aber ganz schnell!«

Immer diese Ballerspiele, der letzte Schulamoklauf in

Winnenden war noch nicht lange her, die machten uns bescheuert, sagte er. Ab sofort benähmen wir uns wie handzahme Lämmchen. Sonst würde er unsere Eltern anrufen und dann dürften die auf eigene Kosten nach Florenz fahren, um uns abzuholen.

Wieso bekamen wir jetzt Ärger dafür, wenn wir ausnahmsweise mal machten, was Lehrer erwarteten, nämlich uns *eigenverantwortlich* für Sachen interessieren? Warum machte der uns so fertig, weil wir Videospiele zockten? Wieso checkte der nicht, dass es arschlangweilig war, wie er uns die Renaissance nahebrachte, und dass das bei Assassin's Creed megageil war?

Ich hasste ihn. Vor allem für diesen einen Satz, der sich so tief in mein Gehirn gefräst hat, dass ich ihn nie wieder vergessen werde: »Ich gebe auf – aus Ihnen, Niclas, wird sowieso nichts mehr.«

Ich hasste aber auch mich selbst. Weil ich mich von ihm so entmutigen ließ. Aber was sollte ich denn machen? Es waren Leute wie er, die über mich entschieden. Über meinen Abischnitt, darüber, wie ich mich im Job zu benehmen hatte oder im Leben insgesamt. Es gab so verdammt viele von denen und sie waren so dermaßen überzeugt, dass ihre ach so erwachsene Art zu leben die einzig richtige war. Alle waren alt und hatten deshalb recht. Als sei es mein Fehler, später geboren zu sein als sie. Ich fragte mich, ob ich das später auch einmal so machen müsste und es zu einer erwachsenen Persönlichkeit gehört, junge Menschen zu hassen.

Abschlussfahrt! Endlich volljährig. Endlich 18! Die Zeit unseres Lebens. Am Arsch! Egal, was wir machten, es war falsch.

Auf der Rückfahrt im Nachtzug schlug der Feuermelder bei unserer Demontage aus. Er piepte uns fast taub. Das bekam der Zugbegleiter leider mit. Und Herr Krüger auch. Die letzten Schulferien meines Lebens verbrachte ich also damit, jahrzehntealte Kaugummis von der Unterseite der Tische in unserer Schule zu kratzen.

Mach dich unersetzlich

Dass ich zu Deutschland kein normales Verhältnis entwickeln würde, verstand ich an dem Tag, als ich im Namen des Vaterlands einem Fremden meinen Penis hinhalten musste. »So«, sagte der Kittelmann im Kreiswehrersatzamt Kiel, als er reinkam, und klatschte in die Hände. »Dann mal den Ballermann zeigen!«

Den Ballermann?

Er zeigte auf meinen Schritt, er klatschte nochmal, während er sich hinsetzte. Ich schob meine Simpsons-Boxershorts runter. Da kam er schon auf seinem Arztstuhl angefahren und rückte sich die Brille zurecht.

»Aha, mhh.«

Vielleicht war in seinen Gläsern ein Röntgengerät zur Krebsfrüherkennung verbaut. Ich verstand jedenfalls nicht, warum ich mich überhaupt nackt ausziehen musste. Offiziell wolle er Hodenhochstand ausschließen, sagte er. Hä? Das wäre mir doch hundertprozentig selbst schon aufgefallen. Eine Blutprobe hätte ich verstanden. Wegen Kiffen oder so. Zehn Minuten auf dem Laufband, okay. Von mir aus hätte ich ihm auch in einen Becher gewichst, damit er feststellt, ob ich den Fortbestand des deutschen Volkes sichern kann. Aber er legte meine Hoden auf der Innenseite seiner Hand ab, richtete wieder seine Brille und wiegte sie sanft hin und her. Vielleicht musste er ja das händisch geschätzte Gewicht in ein Formular eintragen.

»Aha, mhh.«

Ich konnte mich wieder anziehen. Wahrscheinlich war die Ballermanninspektion ein Test, wie ich darauf reagierte, gedemütigt zu werden. Ob ich akzeptierte, was mir jemand sagte, ohne es zu hinterfragen. Befehle befolgen würde. Weil ich das nicht wollte, musste ich im nächsten Raum den nächsten Fremden überzeugen. Ob ich für Deutschland in den Krieg ziehen möchte? Nein, ich wollte nicht auf irgendeinem Schlachtfeld sterben wie mein Opa, den ich nie kennengelernt hatte. Ich erzählte von der Flucht meiner Oma vor den Russen. Stellte mir vor, ein Soldat zu sein. Derjenige zu sein, wegen dem jemand wie sie fliehen muss – ich bekam einen Zettel, auf dem mein Tauglichkeitsgrad stand: T2, verwendungsfähig mit Einschränkung für bestimmte Tätigkeiten. Ich konnte kein Fallschirmjäger werden und kein Kampfpilot. Für mich absolut in Ordnung, ich wollte ja Kriegsdienstverweigerer sein.

Der Typ aber, mit dem ich auf den Bus zurück zum Bahnhof wartete, war komplett sauer. Tauglichkeitsgrad T5, nicht wehr- und dienstfähig. Dabei habe er doch so gerne ballern wollen. Jetzt fing der auch noch damit an! Erst sollte ich meinen Ballermann zeigen, jetzt musste ich zuschauen, wie er mit seinen Armen ein Gewehr formte. »Das G36«, erklärte er, »das Standardgewehr der Bundeswehr. Reflexvisier, Gasdrucklader, kaltgehämmert und hartverchromter Lauf.« Dann legte er an.

»BAMBAMBAMBAMBAM!«

Ein ganzes Fantasiemagazin ballerte er in den Acker vor der Bushaltestelle. Im Kreiswehrersatzamt hatte er erzählt, genau so wolle er die Schweine da in Afghanistan umnieten, und dann sagten diese »Schwanzlutscherspackos« ihm, ausgerechnet ihm, er wäre nicht für die Bundeswehr geeignet.

╗

Ich gehörte zum letzten Jahrgang, der eine Zwangspause nach der Schule einlegen musste. Für mich war es die erste verordnete Station in einem *perfekten Lebenslauf*, die mir Spaß machte. Das Geld war gut, die Arbeitszeiten annehmbar, ich lernte wichtige Dinge über das Leben. Zum Beispiel, dass Altsein scheiße ist.

Bei der katholischen Hilfsorganisation, die ich mir für meinen Zivildienst ausgesucht hatte, bestand mein Arbeitstag zur Hälfte darin, Linsensuppe und Königsberger Klopse an die Altenheime an der Ostsee auszufahren. Zwischen den Lieferungen machte ich eine Pause am Strand und schaute zufrieden aufs Meer. Die andere Hälfte der Zeit hatte ich Bereitschaft. Da musste ich ein Handy im Blick behalten, mit dem ich Hausnotrufe entgegennahm. Sie stammten von diesen Knöpfen am Armband, das man Alten umlegte, die nicht mehr alleine wohnen konnten, aber noch wollten.

Oft fragte ich mich, was mein Arbeitgeber den Angehörigen erzählte. »Eine medizinisch ausgebildete Fachkraft wird sich bestens um Ihren Vater kümmern.« Und dann kam ich. Der Zivi. Ich barg nackte und glitschige Opas aus der Dusche. Suchte nach Fernbedienungen. Wechselte Windeln. Nichts daran war schlimm. Oder eklig. Im Gegenteil. Alt zu sein war zwar scheiße. Aber für mich fühlte es sich ziemlich gut an, Alten zu helfen. Ich mochte diesen Job. Ich bekam zum ersten Mal eine Ahnung davon, was mein Vater damit meinte, wenn er sagte: Such dir einen Job, der dich erfüllt.

Ich googelte, was man verdiente, wenn man diesen Job nicht als Zivi machte, sondern als ausgebildeter Pfleger. Und zum ersten Mal verstand ich auch, wenn er sagte, dass die Jobs, die einen am meisten erfüllen, am wenigsten Geld bringen. Und umgekehrt. Warum das so war, wusste er auch nicht.

Nine-to-five. Acht Stunden Arbeit, acht Stunden Freizeit, acht Stunden schlafen. Das hatte sich ganz fair angehört. Beim Zivildienst lernte ich dann: Mittagspause ist keine Arbeitszeit. Dabei ging ich ja nicht freiwillig mit *den lieben Kollegen* zum Essen. Zur Arbeit radeln und zurück zählte auch nicht. Noch eine Stunde weg. Ein gepflegtes Äußeres wurde erwartet, klar. Duschen, Zähne putzen, Wäsche waschen. Noch eine Stunde weg. Ein Achtstundentag hat in Wirklichkeit zwölf. Was für eine Verarsche.

Der Job ermöglichte es mir, von zu Hause auszuziehen. Meine erste eigene Wohnung, ein Zimmer mitten in Lübeck. Für den eigenen Weg verantwortlich zu sein, schön und gut, aber es war beschissen, wegen der Arbeit am Sozialleben zu sparen. Oder wegen des Soziallebens am Schlaf. Oder wegen des Schlafs an der Arbeit. Mit Freunden ausgehen, knutschen, Eltern anrufen, Hobbys ausleben, mich politisch oder gesellschaftlich engagieren – wann denn das, bitte schön? Langsam dämmerte mir, warum meine Eltern nur Besuch bekamen, wenn jemand Geburtstag hatte oder einer gestorben war.

¬

Endlich hatten wir eine Ikone. Bei der Ankunft ihrer Sondermaschine am Flughafen Hannover trug sie eine schwarz-rot-geile Aloha-Kette um den Kopf. Der Ministerpräsident überreichte ihr Blumen, die Kanzlerin hatte längst gratuliert, Zehntausende Menschen jubelten ihr auf dem Rathausplatz zu, drinnen trug sie sich im Goldenen Buch der Stadt ein: »Wow! Verdammte Axt ist das geil! Dankeschönst.«

Sie war die Erste von uns, die wirklich was gerissen hat. Niemand im Kader der Fußballnationalmannschaft für die WM in Südafrika im selben Jahr war so jung wie sie. Keiner der wichtigen Schauspieler, die in Keinohrhasen oder bei GZSZ mitspielten. Im Bundestag oder in Chefetagen saß ja sowieso niemand in unserem Alter.

Sie sah nicht aus wie ein Star, sie sah aus, als ginge sie in meine Parallelklasse. Und das kam sogar hin, fand ich heraus, denn, das war das eigentlich Sensationelle, sie war ziemlich genau mein Jahrgang. Sie war nicht Nadia oder Stiflers Mom, bei denen mir Sabberfäden aus dem Mund liefen. Sie war auch keine ältere, gleichermaßen mysteriöse und nachdenkliche Frau wie Eva Briegel, die Juli-Sängerin mit dem Nasenpiercing. Sie war auch nicht Antonia, die zwar so alt war wie ich, aber auf 30-Jährige mit Golf GTIs stand.

Mit ihr konnte man bestimmt trichtersaufen. Sie, da war ich sicher, kannte rotten.com und Jackass, fand das genauso witzig und verstörend wie ich. Wetten, dass sie mit uns im Nachtzug nach Florenz gekifft hätte! Und wenn wir sie zu einer LAN-Party eingeladen hätten, wäre sie sicherlich die Beste bei Counter-Strike gewesen.

Es war natürlich Stefan Raab, der sie entdeckt hatte. Unseren Star für Oslo. Die anderen, die mitmachten, konnten echt startauglich singen. Bloß zeigten sie das, indem sie in den Castingshows echt öde Elternmusik nachsangen. Michael Bublé, Anastacia, Whitney Houston und sogar die Eagles. Sie aber sang Indie-Pop, den vor ihr noch nie jemand in Castingshows gesungen hatte. Nicht bei Popstars, nicht bei DSDS, nicht bei Star Search. Sie sang Musik, die ich freiwillig und gerne hörte. *Foundations* von Kate Nash. *New Shoes* von Paolo Nutini.

Lena – sie war so dermaßen unabgehoben, dass sie noch nicht einmal einen Künstlernamen hatte. Sie brauchte auch keine große Garderobe, um ein Star zu sein. Als sie im blauen Licht der Telenor Arena in Oslo sang, in dieser quietschbunten Veranstaltung namens ESC, trug sie ein schwarzes Kleid mit schwarzer Strumpfhose und dazu schwarze Stiefel.

Twelve Points aus Spanien! Aus ganz Skandinavien! Twelve Points aus der Schweiz! Sogar aus der Slowakei! Dabei konnten wir doch jahrelang dem angeblich schummelnden Ostblock die Schuld daran geben, dass wir beim ESC ständig Letzter wurden.

Konnte das sein? Ja, es konnte sein. Lena gewann mit *Satellite* den Eurovision Song Contest in Oslo! Sie gewann für Deutschland. Sie gewann: für uns. Wir waren nicht länger bloß eine Zielgruppe für Produkte, für Axe Moschus und Bacardi Rigo. Wir waren nicht länger Objekte, über die Lehrer und Eltern und Jugendschützer und andere Erwachsene sagen konnten, was ihnen gefiel, ohne unseren Widerspruch zu fürchten. Wir waren nicht mehr nur Kinder. Dank Lena fühlten wir uns zum ersten Mal, als wären wir selbst mal wer.

⌐

Enterohämorrhagische Escherichia coli, kurz: EHEC. Bekam man das, explodierte einem die Niere oder so. Der erste Fall wurde in Lübeck bekannt, ausgerechnet da, wo ich während meines Zivildienstes wohnte: verseuchte Bockshornkleesprossen im Kartoffelkeller, diesem Restaurant mit mittelalterlichen Bögen im Untergeschoss, in das wir sowieso nie gingen. Das Restaurant zu meiden wäre kein Verlust gewesen. Auch nicht, auf dieses sehr spezielle Gemüse zu verzichten. Aber wir erfanden den Drink des Sommers: Gin EHEC. Ein absolutes Topgetränk. Exakt wie Gin Tonic, aber mit Bockshornkleesprossen-Garnitur statt Zitrone. Der Gin EHEC stand sogar auf den Getränkekarten der Bars, in denen viele von uns arbeiteten.

Solange ein guter Gag drin war, war uns vollkommen egal, dass Menschen starben, im schlimmsten Fall sogar wir, dass Bauern ganze Ernten vernichten mussten und es Massentötungen von Legehennen und Notschlachtungen von Kühen gab. Wahrscheinlich war das wieder einer unserer Mittelfinger. In den letzten Jahren hatten wir ständig fasten müssen: BSE im Rindfleisch machte das Gehirn löchrig, Dioxin in Eiern verursachte Leberkrebs. Gammelfleisch schlug auf den Magen, in der Lasagne war Pferd oder Formfleisch und darüber Analogkäse.

Damals ahnten wir ja noch nichts von dieser vermeintlichen Fledermaussuppe auf einem Wildtiermarkt im chinesischen Wuhan, wegen der wir einmal gar nichts mehr zu feiern haben würden.

⌐

Bevor ich Lübeck verließ, um studieren zu gehen, kam es noch zur großen Teileschwemme. Ich nannte das so, weil wir im Kleinen erlebten, was zuvor die ganze Welt erlebt hatte: Eine Blase platzte. Dann war Wirtschaftskrise. Bei uns hatten zu viele angefangen, ein bisschen mit Ecstasy zu ticken. Die Preise gingen krachen. Sollte ich mir für drei Euro noch ein Bier holen oder ein Teil, dessen Preis normalerweise um ein Vielfaches höher liegen sollte? Es war ja schön, dass wir Glück nicht mehr mühsam herstellen mussten, wir konnten es einnehmen und taten es reichlich. Aber so viel, wie da im Angebot war, konnte doch kein Mensch in einer kleinen Stadt wie meiner konsumieren.

Mittlerweile war es selbstverständlich, dass beim Warm-up, wie wir Vorglühen mittlerweile nannten, ein paar Bahnen aufgestreut wurden. Billiges Schrottspeed, das bitter und giftig wie Spülmittel schmeckte, wenn es einem nach dem Umweg über Nase und Hirn zurück in den Rachen lief. In Kreisen, von denen ich nur hörte, gab es wohl eher Koks, was wir uns nicht einmal an hohen Feiertagen hätten leisten können. Es gehörte nun eine gewisse Neugier auf Chemie dazu. Als chic galt, sich einen Taschenspiegel anzuschaffen. Meinen fand ich auf dem Flohmarkt, er war rund und golden und schön. Darin musste ich mir beim Ziehen selbst tief in die Augen gucken und ekelte mich vor mir selbst. Wir konnten uns noch gar nicht vorstellen, wie angenehm das sein würde, ein schwarzspiegelndes Smartphone zu haben, worin wir höchstens die eigenen Umrisse erkennen würden.

Unsere bunten Shirts und die Gitterbrille lagen längst ganz hinten im Schrank. Neon war durch, als Zeitschrift, die ich gerne gelesen hatte, und als Farbe sowieso. Im Club trugen wir ausschließlich Schwarz. Songs nannten wir Tracks und welche mit Stimme, schlimmstenfalls sogar lustigen Texten, gingen gar nicht. Brauchte ja auch keiner. Es gab nichts, was es zu sagen gegeben hätte. Nichts, was wir nicht besser im Vierteltakt, Bass und Herz bei 120 Schlägen die Minute fühlen konnten. Vor allem nicht, wenn wir knutschten. Alle mit allen. Aber nie als Vorvorspiel. Nur, um uns zeigen, wie unglaublich wattig lieb wir uns gerade hatten.

Mein kleines Dorf und Bad Schwartau waren es längst, aber auch Lübeck wurde mir bald zu klein. Mit Sarah machte ich Touren nach Hamburg, ins Ego oder in den Goldenen Pudel. Nach Berlin und dann kamen wir da nicht ins Berghain rein. Dabei hatten wir uns drei Stunden angestellt und genauso benommen, wie wir das im Internet gelesen hatten: Wir trugen *all black*, bloß nicht drängeln, nicht voll besoffen wirken. Wir verboten uns das Lachen in der Schlange. Der Gesichtstätowierte am Einlass schüttelte trotzdem den Kopf. Sorry, heute nicht. Im Watergate oder im Kater Holzig war es auch schön. Und einmal im Jahr auf der Fusion sowieso. Alle schmeißen, keiner fängt. Alle Kiefern, keine Tannen. Alle dübeln, keiner bohrt. Mit mir kann man Pferdeberuhigungsmittel stehlen gehen.

Nase voll, Pimmel schrumpft, drei Tage wach. Pillepalle, alle pralle, druff, druff, druff, druff.

»Haben wir noch Peps?«, fragten wir beim Feiern immer, wie der Typ in diesem Internetvideo, was wir so lustig fanden. Gar keine mehr? Vernichtete einer die Vorräte der Gruppe allein, wurden wir richtig sauer. Zur Strafe schickten wir ihn nochmal einkaufen. 12 Stunden im Club, 18 Stunden, 30 Stunden oder 50. Spieglein, Spieglein in der Hand, wer war drei Tage wach?

Und am Montagmorgen spülten wir noch schnell die Reste von den EC-Karten unserer Heimatsparkasse, die wir bald alle endgültig hinter uns lassen würden.

ㄱ

Wir mussten uns beeilen. Wir waren immer zu spät dran. 13 Jahre in der Schule waren wir zwar nie sitzengeblieben, aber die nach uns machten Turbo-Abi. Aus ganz Deutschland fluteten doppelte Abiturjahrgänge die Unis und manche hatten noch ein weiteres Jahr im Zivildienst verloren. So wie ich. Als ich zum ersten Mal das Audimax der Universität Jena betrat, war ich 21 Jahre alt. Steinalt. Die meisten waren da schon wieder fertig. Bachelor of Irgendwas.

Die ganze Idee der Universität wurde gerade umgekrempelt. Nichts blieb, wie es war. Die Uni wurde, das war das erklärte Ziel des sogenannten Bologna-Prozesses, verschult. Oh Gott ey. Und ich dachte, das hätte ich endlich überstanden. Ständig ging es um Credit Points und Employability, den schnellen Einstieg in den Arbeitsmarkt. Lernen mussten wir, was klausurrelevant war und danach guten Gewissens vergessen werden durfte. Aber bitte in Regelstudienzeit. Schnellschnellschnell.

Wir waren die Ersten, die so studieren mussten. Und

vielleicht war das ein Glück. Die Verschulung begann erst, ich bekam noch mit, wie es wohl früher einmal an der Universität gewesen sein musste. Wie es mir in der Neon verheißen wurde: Das Studium, die süßesten Jahre deines Lebens.

Anders als in der Schule durfte ich mir aussuchen, in welche Kurse ich ging, und da drin durfte ich Wasser trinken und aufs Klo gehen, ohne zu fragen. Jeder, der da saß, saß da freiwillig. Es gab keine Klassenarbeiten mehr, ich durfte Wochen damit verbringen, Hausarbeiten zu schreiben. In Fächern und über Themen, die ich wollte. Wer in der Schule einen Fehler machte, verlor. In der Uni gewann, wer den originellsten Gedanken hatte. Und das war auf einmal, ich konnte es selbst nicht so richtig glauben: ich.

Ich schrieb nicht mehr die schlechtesten Noten der Klasse, sondern die besten des Jahrgangs. War auch nicht so schwer, könnte man sagen. Die Universität Jena nahm so gut wie jeden. So versammelten wir uns – jene mit den schlechtesten Abiturnoten Deutschlands –, um an diesem Ort zu werden, was uns vorher niemand zugetraut hatte. Streber sein, das war auf einmal enorm cool. Es war wahrscheinlich sogar das Beste, was mir passieren konnte, nicht schon in der Schule den Höhepunkt erreicht zu haben und den Rest meines Lebens von den Erinnerungen daran zehren zu müssen.

Das Schönste am Studium war es, sich nicht mehr wie ein Versager zu fühlen. Einer, der alles falsch machte. In Jena bekam ich erstmals den Verdacht, es habe womöglich die ganzen Jahre überhaupt nicht an mir gelegen, dass ich ständig meine Lehrer nervte. Sondern an deren schrecklichem Unterricht. Daran, dass ich jedes Fach bis zum Ende behalten musste, obwohl wir – Mathe, Physik, Chemie und ich – schon in der fünften Klasse bemerkt hatten, dass aus uns nichts wird. An der Uni flog ich nicht mehr raus, ich musste nicht mehr nachsitzen oder zum Direktor. Selbst der Drang, Toiletten absichtlich zu verstopfen oder Mülleimer zu zertreten, war verschwunden.

Ein Dozent, so hießen die Lehrer nun, kam draußen auf mich zu. Ich war sicher, dass ich Ärger bekommen würde, ich rauchte schließlich auf dem Uni-Gelände. Dabei wollte der sich nur eine schnorren und war, so richtig ernsthaft, interessiert, warum ich ausgerechnet sein Seminar zum Westfälischen Frieden oder zu Glasnost und Perestroika besuchte.

Mindestens einmal die Woche verliebte ich mich, und damals reichte es noch zu sagen: Ich mag dich, du magst mich – wollen wir zusammen sein? Keiner hatte Tinder, wenn überhaupt meldete man sich nach der WG-Party per studiVZ, wenn man sich das in echt nicht traute. Es gab kein schlechtes Timing, keine Bindungsängstlichen und Nähevermeider. Keiner suchte wie besessen, ob da nicht noch was Besseres rumlief. *Toxic* war ein Song von Britney Spears. Alle fanden gut, was sie gerade hatten. Für eine Nacht, ein paar Wochen oder Monate, ganz egal. Ging etwas kaputt, gab es immer jemanden oder etwas, mit dem man sich ablenken konnte. Es war ein Leben wie in einem Freizeitpark.

Studierte man nicht gerade Medizin oder Jura, konnte man tausend Sachen neben der Uni machen: in der Studentenvertretung Politik spielen oder beim Unimagazin Journalismus. Improtheater, Poetry Slam, Feuerzangenbowle im Audimax. Irgendwen fand man immer, der sagte: Ja, geil, lass doch was starten! Mag sein, wir würden daran einmal *beruflich anknüpfen* können, wie sie früher bei Bewerbungstrainings sagten. Aber es fühlte sich nie so an, als sei das der einzige Zweck davon, etwas zu tun, wozu einen keiner zwingt.

Weil ich in Jena keine Partys fand, die exakt den Nischentechno spielten, den ich mochte, organisierte ich sie mir selbst. Mit den anderen machte ich Fahrradtouren durch die Umgebung, bis wir den perfekten Spot unter einer Autobahnbrücke fanden. Vom Campus in der Innenstadt gut 40 Minuten mit dem Rad. Passt. Einer schrieb die Koordinaten auf, einer bastelte einen Flyer, einer besorgte ein Soundsystem, ich fuhr ein paar Kästen Bier und zwei Tapeziertische besorgen. Wir liehen uns zwei Plattenspieler und einen Mixer und mehr brauchte es nicht für unsere improvisierten Raves am Sonntagmittag. Es kamen Freunde, ehemalige und zukünftige Romanzen, manchmal sogar einer der Dozenten, und wir alle tanzten, bis es dunkel wurde und alle wieder auf ihre Fahrräder stiegen.

Wahrscheinlich lohnte es sich, im Schein unserer Taschenlampen am Ende selbst den letzten Kronkorken aufzusammeln. Wir fuhren zurück in die Stadt, aßen einen Döner und scrollten glücklich durch die wohl letzten SMS unserer Leben. Darin die lieben Nachrichten, wie gut es ihnen bei uns gefallen hatte. Das Einzige, was die Partys noch besser machen würde, wäre eine Lichtanlage. Und natürlich kannte einer einen, der eine hatte, und unsere nächste Party endete erst, als die Sonne wieder aufging. Die Polizei kam nie vorbei, sie interessierte sich nicht für den Lärm, den wir dort machten.

Jena war für mich das exakte Gegenteil der Rentnerhölle

Bad Schwartau. Die Stadt bestand nahezu ausschließlich aus Studenten, Professoren und den Mitarbeitern der Uni. Jedes Kino, jedes Restaurant und Café kämpfte darum, dass wir zu ihnen kamen und nicht zu dem nebenan. Wir konnten hingehen, wo wir wollten, und so lange bleiben, bis kein einziger Pfeffi mehr reinging. Das Geld reichte immer, selbst wenn es am Ende des Monats für drei Tage in Folge Soljanka in der Mensa sein musste. Wenn ich Freunde aus der Schule vom Bahnhof abholte, Malte oder Sarah, zeigte ich ihnen zuerst, dass der Hauptbahnhof in Jena nicht Hauptbahnhof hieß. Er war nach dem Park nebenan benannt: Jena-Paradies.

Das könntest du sein

Während ich stundenlang Bauzäune im Paradiespark aufstellte, bekam ich in meinen löchrigen Chucks kalte Zehen. Es war ein spontaner Aushilfsjob: im Sonnenaufgang eines Dezembertages Zaunteile vom Laster heben, in Betonfundamente stecken und mit Klemmen verschrauben. Am Abend würde innerhalb meiner Zäune SPD-Chef und Kanzlerhoffnung Sigmar Gabriel auf der Bühne sagen, Neonazis dürften nicht die Mitte der Gesellschaft übernehmen.

In den Jahren zuvor waren neun Migranten und eine deutsche Polizistin getötet worden. Immer mit derselben Waffe. Ermittler der eigens gegründeten Soko Halbmond und der BAO Bosporus wussten deshalb schnell: Das muss ein Killer der türkischen Drogenmafia sein. Auf den Titelseiten nannten sie es: *Dönermorde.*

Dann hatten sich zwei deutsche Männer umgebracht und eine deutsche Frau hatte ihr gemeinsames Versteck abgefackelt. Sie stellte sich der Polizei, nicht weit von diesem Stadtpark, wo ich an diesem Tag Zäune aufstellte. Sie enttarnte ihre Gruppe: den NSU, den Nationalsozialistischen Untergrund.

Noch immer in meinen löchrigen Chucks stand ich am Abend zwischen Zehntausenden, und gemeinsam mit Udo Lindenberg riefen wir: »NAZIS RAUS!« Es gab Applaus für die Reden auf der Bühne. Wir nahmen es ernst, wenn sie eine *lückenlose Aufklärung* versprachen. Ich meine, Deutschland war nach WM und Lena quasi rehabilitiert, wir waren nicht mehr das dunkle Deutschland. Wir waren weltoffen, multikulti und ziemlich cool. Wir waren 'Schland!

Aber bald schon würden sie die NSU-Mörder »Einzeltäter« nennen. Fiel das nur mir auf, weil ich zufällig vor Ort Germanistik studierte? Mehrere Einzeltäter sind doch keine mehr. Die lückenlose Aufklärung stockte. Beate Zschäpe saß in U-Haft, eines Tages würde sie vor Gericht kommen und sich von Anwälten verteidigen lassen, die, kein Scherz, Heer, Stahl und Sturm hießen.

Ich war echt sicher, alles mitzubekommen, sogar mein erstes Tageszeitungsabo hatte ich abgeschlossen. Ich wollte genau wissen, was die ersten Schritte waren, wenn ein Staat etwas *lückenlos* aufklärte, an dem er mitschuldig war. Aber ich las von niemandem, der sich mal dafür entschuldigte, diese Mordserie ernsthaft *Dönermorde* genannt zu haben. Ich las, dass die Angehörigen der Toten ihre eigenen Gedenkfeiern organisieren mussten. Sie fühlten sich alleingelassen von diesem ach so tollen 'Schland.

Am Nordpol haben sie vielleicht hundert Worte für Schnee, sagte Thilo, der Freund aus der Schule, mit dem ich auf meiner ersten Demo war. In Deutschland haben wir tausend Worte für Neonazi.

Einsamer Wolf.

Frustrierter (und psychisch verwirrter) Patriot.

Asylkritiker.

Erlebnisorientierter Hooligan.

Ich bin ja nicht rechts, aber.

Sarrazin-Fan.

Identitärer.

Heimatschützer.

Hab' ja nix gegen Fremde, solange sie Fremde bleiben.

Vaterlandsverteidiger.

Protestwähler.

Denkzettelverteiler.

Besorgter Bürger.

Querdenker.

Aus der lückenlosen Aufklärung der ganzen NSU-Sache wurde nichts. Ich las von geschredderten Akten beim Verfassungsschutz, in denen natürlich überhaupt nichts Wichtiges darüber gestanden haben wird, was die Ermittler für Mist gebaut hatten – und für deren Schreddern auch keiner so richtig Ärger bekam. Die Untersuchungsausschüsse äußerten zumindest mal den Verdacht, es könnte sich nicht um isoliert radikalisierte Einzeltäter gehandelt haben. Kein Trio, sondern ein Netzwerk. Aber so wirklich interessierte das keinen. Und dann hieß es, der Abschlussbericht des Verfassungsschutzes müsse 120 Jahre unter Verschluss kommen. 120 Jahre! Da bin ich längst tot. Thilo sagte, wer glaubt, dass der Verfassungsschutz die Verfassung schützt, glaubt auch, dass Zitronenfalter Zitronen falten.

⌐

Wieder gab es eine Weltmeisterschaft. Diesmal in Brasilien. Wieder machten wir uns auf der Straße breit, das war mittlerweile gut eingeübt. Mario Götze schoss sich in Rio de

Janeiro quasi zur Lena des Fußballs. Der Erste in unserem Alter, der im Fußball ganz groß wurde. Anders als beim ersten Mal hatten wir nun nicht Papst und Kaiser, die beide uralt waren. Wir hatten ein junges Prinzenpaar. Lena und Mario.

Das Turnier, viele tausend Kilometer entfernt, war sportlich überwältigend. Aber irgendetwas stimmte nicht. Das Land war seltsam geworden. Die Sache mit dem NSU. Die AfD zog in erste Parlamente ein. Und ein Buch hatte alles wieder aufgerissen, von dem ich dachte, wir hätten es in schwarz-rot-geiles Papier eingeschlagen und mit zuckersüßer Lena-Schleife obendrauf ganz weit hinten ins verstaubte Leitkultur-Regal gestopft. In dem Buch hieß es, mit Deutschland ginge es zu Ende. Deutschland schaffe sich ab, und schuld daran seien die Ausländer, die wegen ihrer Genetik nicht anders könnten, als dumm und faul zu werden. So was wurde in diesem Land und zu dieser Zeit ein Bestseller.

Als die deutsche Nationalmannschaft den Pokal am Brandenburger Tor präsentierte, sang sie ein Lied.

So gehen die Gauchos, die Gauchos, die gehen so. Gebückt, gebrechlich und schwach.

SO GEHEN DIE DEUTSCHEN, DIE DEUTSCHEN, DIE GEHEN SO! Aufrecht, stolz und stark. Fehlte eigentlich nur noch der Hitlergruß.

Die Welt zu Gast bei Freunden, das war doch noch nicht lange her, man. Wahrscheinlich war es gut, dass wir damals, beim Sommermärchen, nicht gewonnen hatten.

Mag ja sein, es hat sich mit uns mal wie eine märchenhafte Sommerromanze angefühlt, mit Deutschland und mir. Aber ich musste das Richtige tun, ich musste Schluss machen. Ich wollte auch keine Beziehungspause und dann mal schauen, ob wir uns wieder annähern. Es war vorbei. Und es lag nicht an mir. Es lag an dir.

⌐

Auf dem Gymnasium hatte ich zwei Schweigeminuten erlebt. Eine wegen 9/11, die andere wegen des Amoklaufs an der Erfurter Schule. Damals dachte ich, es hätte auch mich treffen können. Und je älter ich wurde, desto mehr passierte, was mich in diesem Gedanken bestärkte.

Nachdem ich angefangen hatte, Techno zu hören, gab es eine Massenpanik auf der Loveparade in Duisburg. Die meisten, die dabei ums Leben kamen, waren genauso jung wie ich.

Während ich in den Semesterferien auf Musikfestivals fuhr, starben auf der norwegischen Insel Utøya und später im Pariser Club Bataclan Menschen, die genauso jung waren wie ich.

Der Co-Pilot vom Germanwings-Flug 9525, einem Ferienflieger von Barcelona nach Düsseldorf, schloss sich im Cockpit ein und steuerte die Maschine mit 150 Passagieren in eine Felswand in den Alpen.

Das alles hätte ich sein können.

Das dachte ich auch an diesem Tag in Berlin, an dem ich mit dem Bus zu einem weiteren unbezahlten Praktikum fuhr. Ich hörte einen Knall. Ganz nah und unglaublich laut. So hörte sich ein Schuss an.

Ich wusste das, denn von jedem Anschlag wurden mittlerweile unendlich viele Videos aus unendlich vielen Perspektiven aufgenommen. Ich musste nicht im Internet danach suchen. Sie liefen in der Tagesschau. Auf einen Schuss, das war in diesen Videos immer so, folgten weitere.

Die Frau im Vierer gegenüber sah aus, als führe sie auch gerade zu einem unbezahlten Praktikum, schloss die Augen. Vielleicht sprach sie ein paar letzte Worte für sich. Es knallte nochmal. Ich erstarrte nicht. Ich schrie nicht oder weinte. Ich war im Reinen damit, dass es vorbei war. Was sollte ich denn sonst tun? Den Helden spielen?

Erst dann sah ich, dass es ein Motorrad war, das neben dem Bus eine Fehlzündung hatte. Und dann noch eine. Fehlzündungen klangen für mich wie Schüsse, weil ich mich daran gewöhnt hatte, dass Schüsse zum Alltag gehören könnten.

Abends erzählte ich Freunden davon. Gemeinsam lachten wir darüber. Meine Eltern hatten das früher schon so gemacht. Wenn es ganz schlimm war, sagte meine Mutter immer, wüsste sie nicht, ob sie weinen oder lachen soll. Sie tat immer das Zweite. Ich habe das von ihr übernommen.

Wir saßen frierend auf dem Balkon, weil der Maya-Kalender das Ende der Welt vorausgesagt hatte. Wir tranken uns mit Wodka-Mate in die Apokalypse, die nie kam, tanzten barfuß in der WG-Küche. Aber witzig wäre es schon gewesen, wäre der Mond explodiert und es hätte Feuer geregnet.

Der Islamische Staat rief sein Kalifat aus. Mein erstes treues Auto, kein Golf, sondern ein Renault Twingo, ging langsam endgültig kaputt. Ich wollte ihn loswerden und sagte zu denselben Freunden, mit denen ich über mein Ende in einem Berliner Bus gelacht und das Ende der Welt auf einem Balkon verpasst hatte: Stellt euch vor, ich verkaufe es an den IS und dann sehe ich es in einem Propagandavideo wieder. Das Dach abgesägt, ein Maschinengewehr draufmontiert. So würde es durch die libysche Wüste brettern, immer noch mit meinem deutschen Kennzeichen.

Es passierte immer wieder. Der Anschlag auf die Satirezeitschrift Charlie Hebdo. Die Anschläge von Brüssel und Nizza. Je näher es kam, desto weniger wehrte ich mich mit dummen Witzen dagegen, dass es mich erreichte. Wieder erstarrte ich nicht, ich schrie nicht oder weinte. Ich ergab mich der Angst. In München würde ein Neonazi bald Menschen in einem Einkaufszentrum erschießen und in Berlin ein Truck in eine Menschenmenge auf dem Weihnachtsmarkt fahren. Das hätte ich sein können.

Wenn es stimmte, dass Angst entweder müde oder wütend macht, lebten wir mittlerweile im Wachkoma.

Schluckauf heißt, jemand denkt an dich

Antonia hatte ich inzwischen vergessen. Malte fehlte mir schon mehr. Zurückgeblieben in Bad Schwartau, um irgendeine Ausbildung anzufangen bei Dräger oder im Marmeladenwerk. Die Entfernung, räumlich und in dem, was wir vom Leben wollten, er war heimatverbunden, ich wollte auf keinen Fall dort sterben, wo ich geboren wurde, all das ließ unsere Freundschaft verkümmern. Es war nicht wie in den Filmen, wir hatten keine letzte große Nacht, an deren Ende wir uns im Morgengrauen ewige Freundschaft schworen. Irgendwann haben wir uns seltener beieinander gemeldet und schließlich gar nicht mehr. Was einmal groß und wichtig war, war schal geworden. Wie ein Bier, das wir wegschütten, weil es uns nicht mehr schmeckt.

Aber ein bisschen lebte Malte weiter. Ich dachte an ihn, wenn ich How I Met Your Mother guckte. Ich glaube, er hätte Barney Stinson gemocht. Denn er hatte immer die perfekte Masche. Der Taucher. Der Lorenzo von Matterhorn. Der nackte Mann. Dabei zog man sich nackt aus, wenn man bei ihr zu Hause war und sie kurz auf die Toilette ging. Sie würde so überfordert sein, aber auch beeindruckt von so viel Mut, dass ihr nichts anderes übrigbleiben würde, als mit einem zu schlafen. Wir guckten das und hielten es für normal.

Wir alle guckten Twilight und waren verliebt in den süßglitzernden Vampir Edward, in den sich im Film auch die Schülerin Bella verliebte. Bella war 17 Jahre alt. Edward wurde als Teenager gebissen, das war hundert Jahre her. Eigentlich voll der Pädo. Fanden aber alle irre romantisch.

Wir störten uns nicht an enormen Altersunterschieden. Auf MTV guckten wir Hugh Hefner dabei zu, wie er Bademantel trug, Zigarren rauchte und seine drei sehr jungen und sehr heißen Freundinnen vorführte. Filmstars wie Leonardo di Caprio hatten privat Freundinnen, die so alt waren wie die Frauen, mit denen ich gerade anfing zu studieren. Manche von ihnen begannen Affären mit ihren Professoren. Sie gaben damit an und ich fragte mich, wer da wirklich die Trophäe für wen war. War es wirklich so cool, Professoren zu daten, die es witzig fanden, dass sie zwar immer älter wurden, aber die, die sie nach der Vorlesung zum Weintrinken einladen, für immer erstsemesterjung blieben?

Ein Kommilitone sagte, er verstehe das. Er freue sich tierisch darauf, das neue Jahrtausend zu entkorken. Bald. Wenn der Jahrgang 2000 reif ist. Sie wird jeden Typen irgendwann vergessen, sagte er, aber den ersten Schwanz, den vergisst sie nie.

Und dann war da dieser Song. Robin Thicke, Jahrgang '77, und Pharrell Williams, Jahrgang '73, trugen Anzüge im Musikvideo.

I hate these blurred lines / I know you want it / But you're a good girl / The way you grab me / Must wanna get nasty

Die drei Models im Video, sie bleiben stumm, sie tragen

Lippenstift und sonst nichts. Die Jüngste von ihnen: Emily Ratajkowski, Jahrgang '91, der gleiche wie Lena, unsere Lena. Sie tanzte ohne Widerworte. Sie war eine Requisite. Thicke benutzte ihre nackten Füße als Mikrofon, sie tanzte nackt vor Buchstabenluftballons, die gemeinsam einen Satz bildeten: *Robin Thicke has a big dick.*

¬

Ihr Daumen auf meiner Wange, ihre Lippen auf meiner Stirn. »Hey du Maus, wach auf«, flüsterte sie. Unter der Decke war es noch schlafwarm, die Sonne schien auf meinen Nachttisch, sie stellte mir einen Kaffee hin. Die Tasse mit Son Goku aus Dragonball, ich musste sie nach dem Auszug bei den Eltern im letzten Jahr unbedingt mitnehmen. Sie fand das süß. Ihr kleiner Bruder hat das früher auch immer geguckt. Schon am Morgen lief Musik, aus meiner Bluetooth-Box, mit der sie sich neuerdings verbinden durfte, ohne zu fragen. Viel ernster konnte es zwischen uns wohl kaum werden.

Vor ein paar Monaten, auf einer WG-Party, hatten wir festgestellt, dass wir eine Lieblingsband teilten. Sie war mir aber schon vorher aufgefallen. Ihr knalloranges Shirt, in jeder Hand eine schwarze Dose 5,0 Original. Sie erzählte vulgäre Witze und sie war die Lauteste auf der Tanzfläche. Mit Abstand. Sie schrie: *JA, ICH WEISS, ES WAR 'NE GEILE ZEIT!* Ein paar Monate war das her, wir hatten uns gleich am ersten Abend geküsst und jeder Tag mit ihr wurde immer schöner. Schon echt ziemlich geil, dieses Verliebtsein.

Aus der French Press schüttete sie mir noch mehr Kaffee in die Dragonball-Tasse. Megalieb, ey.

»Ich geh Croissants holen. Und wenn ich zurück bin, stehst du aber wirklich auf.«

Natürlich nickte ich nochmal ein. Warum auch nicht? Ich hatte doch noch den ganzen Tag vor mir. Anschließend mein ganzes Leben. Vielleicht mit ihr. In guten Zeiten? Auf jeden Fall. In schlechten? Aber sicher! Bis der Tod uns scheidet? Wenn's nach mir geht: unbedingt!

GEILE ZEIT

She's so lucky, she's a star / But she cry,
cry, cries in her lonely heart, thinking /
If there's nothing missing in my life /
Then why do these tears come at night?
(Britney Spears)

Im Leben gibt es meistens irgendwann den Moment, in dem etwas unwiderruflich in einem kaputtgeht. Manchmal verstehen wir das sofort, manchmal dauert es ein wenig länger. Bei mir begann dieser Moment mit der Feststellung, dass Softdrinks nicht mehr automatisch nach dem fiesen Alk schmeckten, mit dem ich sie eine Jugend lang gemischt hatte. Fanta war wieder Fanta.

Ich arbeitete unbezahlt für eine Zeitung, sollte Einblicke in den Berufsalltag bekommen und natürlich viel lernen. Auch wenn kaum jemand Zeit hatte, mir etwas beizubringen. In der Kaffeeküche gab es einen Kühlschrank und der, der ihn auffüllte, liebte offenbar Fanta. Denn es war nie etwas anderes darin.

Als Praktikant der Stadtredaktion in Dresden war ich für das zuständig, was die Festangestellten nicht machen wollten. Ich besuchte Feuerwehrfeste, Schrebergärten und Kaninchenzüchter. Die Menschen berichteten, wie sie leidenschaftlich Feuer löschten, die Höhe ihrer Hecke trimmten (auf maximal einen Meter und exakt 25 Zentimeter) oder ihr Leben der Zucht des Riesenrammlers widmeten.

Zum ersten Mal erschien ein Text von mir, der eine ganze Zeitungsseite einnahm. Eine ganze Seite! Ein todesmutiger Selbsttest: Ist es möglich, die Elbe bei historischem Niedrigwasser der Breite nach zu durchqueren? Ich kaufte gleich mehrere Ausgaben, eine schickte ich an meinen Vater. Er schickte mir ein Foto zurück: Der Artikel hing gerahmt über seinem Schreibtisch.

Die Leute, die ich traf oder anrief, im Stadtrat oder im Oberlandesgericht, sprachen alle sehr respektvoll mit mir. Als würden sie eine Anfrage der Tagesschau beantworten. Sie wussten schließlich nicht, dass ich nur der Praktikant war.

Es war eine ziemlich reale Simulation eines erwachsenen Berufslebens, und ich wünschte mir, nie wieder etwas anderes zu tun. Vielleicht irgendwann mit Ministern, Fußballstars und geheimen Informanten. Jeder hatte ja mal klein angefangen. Ich war stolz, zum ersten Mal in meinem Leben. Ich war ganz schön weit gekommen. Fand ich.

Einmal in der Woche machte ich für die Redaktion eine Straßenumfrage. Es ging meinem Chef darum, ein *ungefiltertes Bild der Stimmung in der Stadt* zu bekommen. Dafür stand ich mitten auf der Prager Straße, so einer Fußgängerzonenbummelallee, wie es sie in jeder Stadt gab. Mit den gleichen Geschäften wie überall. Galeria Kaufhof. Starbucks. McDonalds. Von wegen Ostdeutschland war eine andere Welt.

»Sind Sie eigentlich auch so erschüttert über den Vandalismus am Elberadweg?«, fragte ich ein Paar, das beim Italiener Spaghetti-Eis löffelte.

»Was sind Ihre Strategien gegen die Hitze?«

»Was glauben Sie, wo landet Dynamo in dieser Saison? Steigen wir auf?«

»Ach so, ja, und ein Foto bräuchte ich auch noch. Bitte einmal freundlich lächeln, danke.«

Einige wurden ungemütlich, wenn ich mich als Mitarbeiter der Zeitung zu erkennen gab. Einer trat ganz nah an mich heran. Als ob er mich küssen wollte. Stirn an Stirn standen wir da. Er sagte, wenn ich nicht sofort verschwände, schlüge er mir die Zähne aus.

Ich könne seinen Ärger absolut nachvollziehen, sagte ich, schließlich war ich auch als Botschafter meines Arbeitgebers unterwegs. Und ja, bestätigte ich eilig, natürlich würde ich dem Chefredakteur persönlich ausrichten, dass wir nicht mehr so viel lügen sollen in der Zeitung. »Tut mir außerordentlich leid, dass Sie die Lektüre so verärgert hat. Geben Sie unserer Zeitung noch eine Chance.« Dabei wollte ich von ihm eigentlich nur wissen, ob er sich auch so auf die Sommerkonzerte von Roland Kaiser freute.

In Dresden, und auch in den anderen Städten, in denen ich Praktika machte, ging ich regelmäßig in die Systemgastronomie. Das Chicken Alfredo von Vapiano löste in mir genau das aus, was es auslösen sollte. Ein Gefühl von Sicherheit. Die Anonymität, die Austauschbarkeit der Einrichtung und Menschen, die ausschließlich zweckgebundene Kommunikation – hatte man einmal gelernt, wie alles funktionierte, konnte man nichts falsch machen.

Auch in den Gängen des Rewe-Markts fühlte ich mich wie zu Hause. Beim Eintritt begrüßte mich das frische, vorteilhaft ausgeleuchtete Obst und Gemüse. Weiter zur Backstation mit den Schokodonuts und den mit Wienerwürstchen gefüllten Laugenstangen – der beste Snack für erste Tage in einer neuen Stadt. Das Bier stand in der Nähe der Chips und am Ende kam der Kühlschrank mit der Fanta. Alles an seinem Platz, alles total praktisch.

Ich aß und trank. Ich schlief. Ich machte die Arbeit, die

ich einmal machen wollte. Mit jedem Praktikum kam ich der Sache näher. Ich war genau da, wo ich sein wollte. Wenigstens für ein paar Monate.

So ging es vielen von uns. Keiner blieb in den Semesterferien in der Stadt, in der er oder sie studierte. Alle gingen in irgendeine deutsche oder, wer es richtig wissen wollte, europäische Großstadt, um den Lebenslauf aufzupolieren.

Natürlich verabredeten wir uns für das erste Wochenende mit den anderen Praktikanten in einer Bar. Der Mensch, der uns als Erstes ins Auge fiel, war der Büroschwarm für das Praktikum. Der, mit dem wir am Tresen endeten, der neue beste Freund auf Zeit.

Daniel studierte auch in einer anderen Stadt und am Ende des Praktikums würde er zurückkehren. Diese Freundschaften hatten ein Verfallsdatum, auf das wir uns im Voraus einigten, und es tat nicht weh, wenn es so weit war.

Am Wochenende liehen wir Fahrräder aus und fuhren zum Badesee. Wir gingen schwimmen, lagen im Geruch von Sonnencreme und fettigen Pommes. Zwischendurch zeigten wir uns Nachrichten auf unseren Handys: Da wurden Busse blockiert, in denen Menschen saßen, die geflüchtet waren und in Sachsen ankamen. Wir gingen nochmal ins Wasser. Dann die Meldung, dass *besorgte Bürger* in der Nähe der Busse randalierten. Wir setzten uns vor den Kiosk, bestellten Bier und redeten, was man eben so redet mit befristeten Freunden. Noch eine Runde Bier, noch eine Meldung. Sie zündeten eine Unterkunft an.

Ein paar Tage später kam die Kanzlerin nach Sachsen. Was passiert war, nannte sie beschämend. Dafür wurde sie ausgepfiffen.

Volksverräterin!

Hau ab!

Hau ab!

Hau ab!

Bald sah ich die Kanzlerin im Fernsehen, wie sie versuchte, ein weinendes Mädchen zu trösten. An Bahnhöfen in ganz Deutschland klatschten Menschen für die, die aus den Zügen stiegen. Sie empfingen Kinder mit Schokolade und Kuscheltieren. *Refugees Welcome* – das druckte sogar die BILD-Zeitung auf Sticker.

Wir schaffen das.

Auf der einen Seite der Elbe, in der Dresdner Neustadt, in der ich wohnte und wo ich auf dem Bordstein Bier mit meinem Ferienfreund trank, was wir cornern nannten, glaubten das alle. Ja, wir schaffen das. Aber es gab auch die, die nicht daran glaubten.

An einem sonnigen Montag stand ich auf der Terrasse des Verlagshauses und trank meine erste Fanta, die nicht nach Hartalk schmeckte. Wir sahen weit in die Stadt hinein. Die Elbe. Der barocke Zwinger. Die Semperoper. Die wiederaufgebaute Frauenkirche. Und auf der zweispurigen Hauptstraße: überall Demonstranten. Es waren Tausende. Sie trugen Transparente. Fahnen in Schwarz-Rot-Gold. Und in den Farben des Deutschen Reichs.

Lügenpresse, Lügenpresse.

Die Menge verließ die Straßenführung und steuerte jetzt direkt auf das Verlagsgebäude zu. In ihren Gesichtern war kein Zweifel zu erkennen, ob das, was sie gerade taten, richtig war. Sie schrien aus voller Kehle. Einig darin, auf wen sie es abgesehen hatten.

Lügenpresse, Lügenpresse.

Inzwischen waren sie so nah, dass Einzelne in der Menge zu erkennen waren. Sie sahen erstaunlich normal aus. Ich hatte Glatzen, Bomberjacken und Springerstiefel erwartet, das Eiserne Kreuz auf die Stirn tätowiert. Doch ich sah Väter und Mütter, die ihre Kinder an der Hand hielten. Sie trugen Schilder um den Hals, auf denen sie die Auflösung der *BRD GmbH* forderten. Da waren Teenager mit verwachsenen Körpern, wie ich einer gewesen war. Opas mit Schiebermützen und Omis mit silbriger Dauerwelle. Denen habe ich als Jugendlicher doch Kirschkuchen serviert!

Wir kriegen euch alle.

Der mit den harmlosesten Klamotten, Turnschuhe aus einer Zeit, bevor wir dazu Sneaker sagten, Regenhose mit reflektierenden Bändern an den Knöcheln, neongelbe Allwetterjacke, dieser Typ brüllte, die Augen weit aufgerissen, und er brüllte, er starrte in meine Richtung. Ja, er meinte mich. Fuck!

Im Kopf ging ich durch, was ihn daran hinderte, zu mir hoch zu kommen. Es gab im Verlagsgebäude keinen Sicherheitsdienst. Er müsste nur über das Drehkreuz im Foyer hüpfen, ausrechnen, in welchem Stock der Balkon der Redaktion war, und schon könnte er wahrmachen, was er da rief.

Wir kriegen euch alle.

Runter vom Balkon, ins Treppenhaus, in den Flur, in die Kaffeeküche, Tür zu. Die Kaffeeküche ging nach hinten raus. Richtung Elbe, nicht Richtung Straße. Ich sah sie nicht mehr, aber hörte sie noch.

Wir kriegen euch alle.

Ich versuchte, warum auch immer, mir einen Kaffee zu

machen. Eine Übersprungshandlung. Ich zitterte das Pulver vom Löffel. Eigentlich hätte ich eher einen Schnaps gebraucht. Atmen. Tief und lange.

Ich konnte nicht weg. Dann müsste ich unten an denen vorbei. Musste ja nur einer durchdrehen, einer austicken. Und ich wäre Matsch gewesen.

Ich legte mich auf den Küchenboden, winkelte die Beine an und schlang die Arme um die Knie. Die Fliesen waren kalt. Ich versuchte mich auf die Staubflusen unter dem Kühlschrank zu konzentrieren. Dann schreckte ich hoch. In plötzlicher Panik, ein Kollege könnte mich so finden.

Später saß ich an meinem Schreibtisch, auf dem Tisch stand eine geöffnete Fanta, von der ich nicht wusste, wie sie da hingekommen war.

Wie weiter?

Auf dem Bildschirm ein halbfertiger Text über ein Feuerwehrfest. Ich tippte ein paar Worte. Tolles Wetter, gute Bratwurst, bewegende Ehrungen der Alteingesessenen. Unmöglich. Alles Blödsinn.

Wie weiter?

Ich war so oft abgebogen, um bis hierher zu kommen. Hatte mich gegen tausend Leben entschieden, um das eine zu leben, das ich richtig fand. Es wäre doch bescheuert, jetzt wieder umzudrehen.

Und ich war sowieso viel zu spät dran. Meinen echten ersten Arbeitstag würde ich mit 30 erleben. Wenn ich dann überhaupt noch einen Job finden würde. Dreißig. Wie sollte ich eigentlich noch auf 45 Rentenpunkte kommen? Ich hatte all das gemacht, was von mir verlangt wurde: Grundschule, Gymnasium, Zivildienst, Studium, Praktika. Das war mein Weg. *Weißt du schon, was du danach machen willst?*

Klar doch: erster Job, letzter Job, Rente, Tod. Bisher hatte ich das nie infrage gestellt.

Wie weiter?

Eigentlich müsste ich da runtergehen und mit denen reden. Sie überzeugen, dass sie Scheiße labern. Mit Rechten reden. Das machte man doch jetzt. Wir glauben, wir können sie zur Vernunft bringen. Die Zivilgesellschaft. Wir. Die wehrhafte Demokratie.

Wehrhaft. Was soll das überhaupt heißen? Sind Worte wehrhaft genug? Welche Haltung brauchen wir, sag mal, wieso denke ich gerade in so Bundespräsidentenworten? Verteidigen wir sie dieses Mal wirklich und, wenn es sein muss, auch mit Gewalt? Müssen wir denen einfach mal in die Fresse hauen? Mussten wir, musste ich, dafür einstehen? Wofür stand ich da überhaupt ein? Das Land, das meine Eltern und Großeltern mir hingestellt hatten und das ich eigentlich gar nicht mal so verteidigungswert fand? Musste ich genau jetzt etwas tun, damit die Zukunft nicht zur Neuauflage der Vergangenheit würde?

Eigentlich müsste ich mich organisieren. Mein hilfloses Ich in einem wirksamen Wir aufgehen lassen, damit es für uns alle besser wird. Ganz klar gegen rechts. Das haben sie in der Schule immer gesagt, dass wir das sein sollen. Aber nie, wie das geht. Vielleicht so? Den Nazis den nackten Arsch zeigen und den Klimaleugnern den Mittelfinger und diesen verfickten Hedge-Fonds-Manager-Arsch-löcher-Wichser-Hurensöhnen –

Machte ich alles nicht. Im Gegenteil. Ein letztes Mal tat ich noch so, als wäre alles ein Witz, dem nur die Pointe fehlte, die das alles auflöst.

In einer Nacht im November schauten wir das Finale: Clinton gegen Trump. Wahlen, die hohen Feiertage der Demokratie.

Damit wir uns selbst nicht so staatstragend vorkamen, kombinierten wir den Abend vor dem CNN-Livestream mit einer Motto-Party. *Bad Taste Special: Presidential Election.* In Feinrippunterhemd und Trainingsanzug redete ich über die enorme Wichtigkeit von Gerrymandering und den Swing States Florida und Pennsylvania.

Auf dem Tisch lag ein Basecap. *Make America Great Again* stand darauf. Ein Spruch, so austauschbar wie alles, was der sagte: Donald Trump. Wenn mir die Schnürsenkel aufgingen, rief ich: Make Reißverschlüsse Great Again! Das war ein sicherer Lacher. Kriegte ich das Bier an der Tischkante nicht auf, sagte ich: Make Flaschenöffner Great Again.

Jeder warf ein paar Euro in das Basecap. Wir wetteten auf den Wahlausgang. Weil ich es witzig fand, dagegen zu sein, und damit überhaupt Geld an die Gewinner verteilt werden konnte, setzte ich auf Trump. Als Einziger. Dass der debile Clown mit Selbstbräunerhaut nicht gewinnen würde, war uns allen klar. Als die Sonne aufging, hatte ich schäbige hundert Euro Wettgewinn in der Tasche. Trump hatte die Wahl gewonnen.

Im Jahr darauf zog die AfD in den Bundestag ein. Sie war nun ein *politischer Mitbewerber* und Hitler und die National-sozialisten – das sagte kein durchgedrehter Hinterbänkler, das sagte der damalige Parteichef – waren nur noch »ein Vogelschiss in über 1000 Jahren erfolgreicher deutscher Geschichte«.

Es gärte und brodelte und schimmelte. In Deutschland. Auf der ganzen Welt. Und in uns. Vielleicht ist das alles schon vorher da gewesen und nun war es halt so weit. Alles brach aus.

Der Brexit.

Die Pariser Terroranschläge. Die in München und Berlin. MeToo.

Black Lives Matter.

Die ersten schwerkranken Eltern. Die ersten Beziehungen, die einmal so tief und unendlich gewesen waren. Der erste Tote im eigenen Freundeskreis.

Lampedusa und Lesbos.

Boko Haram und der Islamische Staat.

Eine Pandemie, wegen der wir unsere Hochzeiten und 30. Geburtstage absagen würden. Bevor es wieder Krieg gab in Europa und die Faschisten zurückkamen. Bevor wir mit jedem zu heißen Sommer, mit jeder Flut und jedem Sturm spüren würden, dass wir, die Spezies Mensch, es tatsächlich geschafft hatten, in den ungefähr 200 Jahren seit dem Bau der ersten Fabriken diesen Planeten dermaßen zu ruinieren, dass wir live dabei sind, wenn er sich rächt. Vielleicht wusste ich nun besser, wie wir wurden, wer wir waren. Aber keine Ahnung, was wir damit anfangen sollten.

Eigentlich müssten wir –

Eigentlich müsste ich –

Ja, was eigentlich?

GENERATION

*And we build up castles / In the sky
and in the sand / Design our own
world / Ain't nobody understand*

(Paul Kalkbrenner)

Vielleicht ist man dann erwachsen, wenn einem die Kindheit endgültig zur Erinnerung wird. Je länger etwas her ist, desto schöner scheint es. Aber manches war wirklich schon als Kind unübertrefflich. So wie das Krabbenpulen.

Eimerweise, direkt aus der Ostsee – *fangfrisch vom Kutter!* – trugen die Freunde meiner Eltern in Zeitungspapier eingewickelte Nordseekrabben in unseren Garten. Zehn Ehepaare, an ihren Händen mindestens noch einmal so viele Kinder. In anderen Dörfern feierten sie Kirchweih oder Schützenfest, bei uns war es das große Krabbenpulen. Mein Vater und ich hatten ein Partyzelt aufgebaut, in Blau und Weiß mit Fenstern aus Plastik. In diesem Jahr waren wir die Gastgeber, aus unserem Wohnzimmerfenster warf meine Mutter mir ein Verlängerungskabel herunter in den Garten, um die Stereoanlage anzuschließen. Wie immer lief NDR2, und alle paar Minuten, deutsche Radiosender hatten gerade die Heavy Rotation entdeckt, ballerte es durch unser Partyzelt.

I'm blue, da ba dee da ba di / Da ba dee da ba di

Um bei Eiffel 65 mitzusingen, reichten sogar die drei, vier Wörter Englisch, die ich aufgeschnappt hatte.

Ähnlich außerirdisch wie das blaue Wesen aus dem Musikvideo wirkten diese Dinger in meinem Eimer: ge-

krümmt, halbdurchsichtig mit Flosse und langen Schnurr-
haaren. Wir Kinder mussten ihnen tief in ihre toten Augen
blicken. Waren sie trübe, war die Krabbe schlecht. Ab in die
Tonne. Nur Krabben mit glänzend schwarzen Augen reichten wir an die Erwachsenen weiter.

Sie klemmten die Krabben dann zwischen Zeigefinger
und Daumen und mit der anderen Hand drehten sie am
Arsch, bis der aufplatzte. Das Hinterteil warfen sie weg und
zogen der Krabbe ihr Fleisch aus dem Kopf. Ihre Kippen
drückten sie im immer größer werdenden Haufen der Krabbenskelette aus.

Offenbar wusste in unserem Dorf niemand um die Gefahren von Passivrauchen für Kinder. Vielleicht war es den
Erwachsenen auch egal. Kinder waren ein natürlicher Teil
ihres Lebens, nicht dessen einziger Inhalt. Wahrscheinlich
war das nicht einmal schlimm.

Als Kind kam es mir vor, als hätte ich zwischen den Erwachsenen einen Platz. Wenn ich in einem verrauchten
Zelt mit ihnen Krabben verarbeitete, interessierten sie sich
dafür, was ich erzählte. Manchmal waren sie sogar aufrich-
tig beeindruckt. Aha, wundert euch also, dass dieser Finne
in der Formel 1 schneller fährt als unser Schumi? Liegt halt
daran, dass Mercedes geilere Motoren baut. Der MP4/14,
der mit seinem Siebenganghalbautomatikgetriebe die über
800 PS auf die Straße bringt, ist dem peinlichen Ferrari halt
überlegen.

Die Erwachsenen freuten sich auf das Millennium, den
Jahrtausendwechsel, und auf die Expo mit ihrem unförmigen Cyberspace-Botschafter Twipsy. Weltausstellung –
allein das Wort war überwältigend. Da fahren wir hin,
versprachen mir meine Eltern spontan. Und so kam es. In

Hannover guckten wir uns an, wie sich die Menschheit ein besseres Morgen vorstellte. Dass am Ende nicht einmal die Hälfte der rund 40 Millionen erwarteten Besucher kam, hätte meine Zukunftseuphorie auf ein realistisches Maß zusammenstauchen können, und vielleicht wäre das gesünder gewesen.

Selten, eigentlich nie, sah ich in meiner Kindheit so viele glückliche Erwachsene auf einmal wie beim Krabbenpulen. Sie lachten bei der Arbeit, anstatt wie sonst müde und unglücklich nach Hause zu kommen. Pulten Krabben, rauchten Kette, quatschten Unsinn. Und ich mittendrin.

Sie waren gut drauf. Was sicherlich auch an meiner Mutter lag. Regelmäßig drehte sie ihre Runde um die Bierbänke und schenkte aus, was für Kinder streng verboten war und noch elender stank als die Krabbenskelette. Oldesloer Doppelkorn. Mit original 38 Umdrehungen, wie unser Nachbar mir erklärte, wobei er klang wie Meister Röhrich aus den Werner-Filmen: »Oariginoaal achnreisig Umdräähung.«

Über dem dritten oder sechsten davon, so genau zählte keiner mit, sackte ihm der Ellenbogen weg. Sein Kinn schepperte volle Kanne auf den Biertisch. Meine Mutter klebte ihm ein Pflaster drauf und sagte: »Die ganzen Klaren sieht die Leber ja nicht, ne.«

Unser Nachbar schüttelte sich, meine Mutter schenkte ihm noch einen ein. Daumen hoch. Doppelkorn machte offenbar nicht weniger als unverwundbar.

Bald schwärmte er von diesen kleinen blauen Pillen. Dabei machte er eine Faust, auf die er immer wieder mit der flachen Hand klopfte. Meine Mutter hielt mir die Augen zu. Ganz neu auf dem Markt seien die und würden helfen, seine Frau wieder ordentlich glücklich zu machen. Meine Mutter hielt mir die Ohren zu. Es handelte sich wohl um Geheimwissen. Nur für Erwachsene. Mein Vater steckte sich zwei Krabben in die Oberlippe und hob beide Arme: »Wuuuuuhuu.« Er sei Dracuuuuula, sagte er, Dracula der Ostseevampir. So jagte er mich aus dem Festzelt, Richtung Haustür. »Aaaaaaaab nach ooooben und ins Beeeeett mit diiiiir!«

Schauten meine Eltern später nach mir, kniff ich die Augen zusammen und tat so, als würde ich fürchterlich schnarchen. Und meine Eltern fielen wirklich darauf rein! Wenn ich schon nicht mehr dabei sein durfte, wollte ich wenigstens noch so lange wie möglich lauschen, wie sie unten feierten. Für mich klang das, was unten passierte, wie das Geräusch des Regens auf unserem Dach während eines Unwetters. Aufregend und beruhigend zugleich.

I'm blue, da ba dee da ba di / Da ba dee da ba di

Durch meine Kinderaugen sah es aus, als bliebe mir gar nichts anderes übrig, als mich darauf zu freuen, so zu werden wie sie: erwachsen. Irgendwann würde sich mir erschließen, warum sie Atze Schröder lustig fanden oder Harald Schmidt. Mir würde After Eight schmecken. Wie sie würde ich irgendwelches Zeug sammeln. Münzen, Briefmarken oder Miniaturzüge. Ich wäre in der Lage, einen Falk Autoatlas fachgerecht auseinander- und wieder zusammenzufalten, würde mich auf das neue Album von Santana oder Marius Müller-Westernhagen freuen und bei NDR2 anrufen, um mir einen Song von ihnen zu wünschen.

Die Erwachsenen im Garten ließen mich noch einmal hochschrecken.

SEXYYY, ich würde alles für dich tun!

Ich durfte noch nicht einschlafen, ich musste noch so viel wie möglich davon mitbekommen. Beim Lauschen strengte ich mich so sehr an, dass ich die Erwachsenen Luftgitarre spielen hörte.

Selbst *Erledigungen zu machen*, womit die Erwachsenen einen Großteil ihres Tages verbrachten, erschien mir wie ein einziger großer Spaß. Begleitete ich meine Eltern zum Metzger, fragte mich die Frau hinter dem Tresen, ob ich nicht ein Wiener Würstchen haben möchte – geschenkt und direkt auf die Hand?

Hä? Ja, natürlich!

Dafür musste ich ihr erzählen, was wir gerade in der Schule lernten: plus und minus, mal und geteilt, Kalender, Uhr- und Jahreszeiten. Die Metzgerin nickte interessiert. Ach ja, und letzte Woche haben wir gelernt: Äpfel sind besser für die Gesundheit als die sauren Center Shocks und der geil außerirdisch aussehende Frufoo-Kinderquark. Zu viel Fleisch, hatten die Lehrer gesagt, sei auch nicht gut. Quatsch, sagte die Metzgerin. Die Wiener knackte laut zwischen meinen Zähnen.

Im Reisebüro diskutierten meine Mutter und der Mann mit den *Ohne-meinen-Alltours-sage-ich-nichts*-Katalogen, wo Kinder den besten aller Urlaube haben könnten. Lieber Halbpension in Spanien oder Türkei all-inclusive? Ein Urlaubsresort. Noch so ein Sehnsuchtswort. Ich fühlte mich, als ginge es bei unserer Urlaubsplanung vor allem um mich. In echt ging es darum, dass meine Eltern im Urlaub mal ihre Ruhe vor mir hatten. Geschenkt, dass vor Ort drei der Wasserrutschen wegen Baumängeln gesperrt sind und die Kartbahn *in unmittelbarer Nähe* zwei Stunden weg ist.

Während ich in meinem Bett weiter den Erwachsenen lauschte, schwor ich mir, all diese schönen Traditionen eines Tages fortzuführen. Ich würde auch meine Kinder

Krabben sortieren lassen. Würde mit allen befreundeten Ehepaaren ohne Ende Oldesloer Doppelkorn trinken, der dann schmecken würde. Die Meinung der Kinder über Schumis Nachfolger im Ferrari-Cockpit würde mich ernsthaft interessieren und einmal die Woche würden wir diese Ausflüge zum Metzger und ins Reisebüro machen. Dass die einmal von Selbstbedienungskassen und Airbnb ersetzt werden würden, konnte ich mir nicht vorstellen. Auch nicht, dass Krabben, die man an der Ostsee im Brötchen kaufen konnte, nicht von handfesten Norddeutschen in Partyzelten gepult worden waren – sondern eigens nach Marokko gekarrt wurden, um dort für billiges Geld entschalt und wieder zurückgeschifft zu werden.

Meine Mutter ertränkte die Krabben in Miracel Whip und Dill. An den darauffolgenden Tagen bekam ich für die Schule Krabbensalat aufs Brötchen geschmiert, das sie jeden Morgen frisch vom Dorfbäcker holte. Meine Krabbenbrötchen waren den peinlichen Käsestullen meiner Mitschüler brutal überlegen. Womit ich schon vor der großen Pause, noch während der Schulstunde, angeben musste.

Als Schüler, der die anderen ständig nervte, empfand ich es selbst in den ersten Jahren am Gymnasium noch als absolut unausweichlich, Antonia mit der Reflexion der Sonne in meinem Geodreieck zu blenden.

»Raus! Vor die Tür! Aber ganz schnell!«

Draußen musste ich die Türklinke nach unten drücken. Damit Herr Krüger drinnen wusste, dass ich nicht abgehauen war, sondern brav wartete, bis ich wieder reindurfte. Alle, die auf den Fluren an unserem Klassenraum vorbeigingen – Lehrer, die frei hatten, ältere Mitschüler auf dem Weg zum Rauchen, zum Schulklo oder auch beides –, sie alle sahen, wie ich da stand, die Hand an der Tür, den Blick fest auf den Boden. Früher hatte das doch auch funktioniert: Wenn ich die anderen nicht sehe, sehen sie mich auch nicht.

Die Erwachsenen bei uns im Dorf gaben sich immer größte Mühe, dass wir Kinder uns als Teil der Gemeinschaft fühlten. Herr Krüger wollte, dass ich verstand, was es bedeutete, ausgeschlossen zu werden. Ich verstand damals, dass das wehtat. Aber ich hätte nicht gedacht, dass es einmal zu einer gemeinschaftlichen Erfahrung werden und sich die ganze Welt ausschließen würde.

Bist du getestet?

Gerade war das Anschnallzeichen erloschen. Flug Condor
DE1584 nach Teneriffa. Gemeinsam mit 180 Rentnern wollte
ich dem deutschen Winter entfliehen. Neben mir fummelte
eine Frau den Strohhalm in ihren Tomatensaft, was ihr
schwerfiel, weil sie diese schwarzen Einmalhandschuhe
trug, mit denen sie sonst in Kreuzberg oder Schwabing Bur-
ger belegten, die 18 Euro kosteten. Auf Augenhöhe hatte ich
die Kopflehne vor mir, auf der sich die Rentner auf dem Weg
zum Klo abstützten. Ein paar trugen Masken über dem
Mund. Oben guckte meistens die Nase raus. Totale Hygiene-
freaks. Völlig übertrieben.

An diesen Moment dachte ich erst wieder, als ich Jahre
später mit Freunden ein Spiel spielte. Mit dem Suchbegriff
Corona scrollten wir bei WhatsApp zu dem Zeitpunkt zurück, an dem das Virus das erste Mal in unserem Leben Er-
wähnung fand.

Die Pandemie war einschneidend. Schon wieder so ein
lebensveränderndes Menschheitsereignis. Nichts war mehr
wie vorher. Ein bisschen wie bei 9/11. Aber dieses Mal gab es
keinen Einschlag, den wir auf die Sekunde genau datieren

konnten. Es gab anfangs auch keine Sondersendungen. Und keinen, der sagte, die Welt sei nun eine andere. Es gab nur erste Erwähnungen, und wir verstanden nicht, was auf sie alles folgen würde.

In einer dieser Bettenburgen im Süden der Insel hatten sie damals die *rätselhafte Lungenkrankheit aus China* diagnostiziert. Wegen eines einziges Falls wurden tausend Touristen festgesetzt. All-inclusive an einem der schönsten Orte der Welt. Womöglich über Wochen. Damals überlegte ich, ob ich mich nicht dort einschleichen und am Frühstücksbüfett anhusten lassen sollte. Dann hätte ich gleich den ganzen Winter bleiben können.

Eigentlich müssten wir all diese ersten Erwähnungen in unseren Chats sammeln, ausdrucken und in ein Museum hängen. Anhand dieser Megacollage wüssten wir, ab wann es nicht mehr lustig war, dass dieses Virus den Namen einer Biermarke trägt und per *Schluckimpfung* geheilt werden kann. Wir wüssten, wann der Erste krank war, den wir kannten. Ab wann ein ganzes Land begann, Vokabeln zu büffeln, die danach wieder alle vergessen haben würden.

Basisreproduktionszahl, Inzidenz und Hospitalisierungsrate.

Hochrisikogebiet, Dispersionsfaktoren und AHA-Regel.

Lockdown, Ausgangssperre und Osterruhe.

Aerosole, Inkubationszeit, Beatmungsplatz, Triage und Übersterblichkeit.

Zoonose, Wildtyp und Virusvariante.

PCR, falsch positiv, falsch negativ.

Digitale Impfzertifikate, Corona-Warn- und Luca-App.

FFP1, 2, 3 oder noch höhere Nummern.

Totimpfstoff, RNA und Herdenimmunität.

Borussia Dortmund, mein BVB, spielte im Westfalenstadion ohne Zuschauer. Der Papst segnete auf dem Petersplatz ohne Gläubige. In der Lagune von Venedig schwammen angeblich wieder Delfine. Ein Konvoi von Militärfahrzeugen transportierte die Leichen aus Bergamo ab. In der Stadt starben einfach zu viele Menschen. Italienische Krematorien waren übervoll, deutsche Supermärkte leer. Alle hamsterten Klopapier. Verkauft wurde nur noch in *haushaltsüblichen Mengen*. Eine Freundin sagte mir, sie wundere sich selbst, aber sie glaube, sie fände Christian Drosten ein bisschen heiß.

War das Leben bis dahin vom Nach- und Nebeneinander verschiedener Ängste geprägt gewesen, zum Beispiel in der Öffentlichkeit zerquetscht, erschossen oder in Einzelteile gebombt zu werden, war ich nun selbst ein potenzieller Killer. Wenn mir jemand auf der Straße entgegenkam, hielt ich die Luft an. Es hätte ja sein können, dass ich ein Virusträger war, ohne es zu merken. Symptomlose Infektion. Einmal falsch ausgeatmet, hätte ich ein ganzes Altenheim auslöschen können.

Also blieben wir zu Hause. Arrangierten uns damit, von diesem Virus um so vieles betrogen zu werden. Um die großartig unvernünftigen Abende in Bars und Clubs, die erst im Morgengrauen endeten. Um Restaurantbesuche, Urlaube, Hochzeiten und Geburtstage. Wir steckten zurück. Wir dachten, das müsste so sein. Und wir dachten auch an die Alten, die zwar manchmal nervten oder gemein waren, aber den Tod hatten sie dafür wirklich nicht verdient. Wir verzichteten, um sie zu schützen. Wir für euch, ihr für uns. Alle für alle.

Bestimmt würden sie sich großzügig revanchieren, wenn alles vorbei wäre.

¬

Draußen starben Tag für Tag Menschen. Drinnen erschien mir mein Leben seltsam angenehm. Einfach. Erstaunlich ordentlich und bequem. Meine Wohnung war so sauber wie nie, meine Abendessen opulenter denn je. Draußen fuhren die Leichenwagen, drinnen starb das einzig Lebende, mit dem ich mich regelmäßig umgebe: mein Sauerteig.

Das war die absurde Gleichzeitigkeit dieses ersten Lockdowns: Endstufe Horrorfilm und Endstufe das Gefühl von damals, als wegen Schnee die Schule ausgefallen war. Zu Hause eingesperrt, häkelten wir, puzzelten, töpferten oder renovierten. Spielten Animal Crossing auf der Switch und machten Yoga. Endlich mal wieder. Es war nicht nur akzeptabel, sonst nichts zu tun, es war das einzig Richtige. Eine Pause von allem. Eine Pause, während der wir uns zum ersten Mal seit der Kindheit so richtig langweilten. Wir wussten gar nicht, wohin mit all der Zeit. Also probierten wir aus, wozu wir sonst nicht kamen, lernten Spanisch oder Klavier. Wir bepflanzten unsere Balkone, wir strickten und fermentierten Gemüse. Wir entdeckten Traditionen, die uns niemand vorgelebt hatte.

Wir konnten es sogar *terminlich einrichten*, wieder einmal richtig lieb zu sein. Zu uns und zu unserem Umfeld. War einer von uns positiv, brachten wir ihm den Wocheneinkauf vorbei. Bei den Singles in unserem Freundeskreis und denen, die dauerhaft oder neuerdings mental besonders negativ waren, meldeten wir uns doppelt so häufig wie sonst.

Der Winter ging gerade zu Ende und doch war die Welt schon voller Wärme. Nicht einmal die verkommensten Hetzer schafften es anfangs, Arbeitslosen oder sonst wem die Schuld daran zu geben.

Die Pandemie, die gerade begann, würde enden, sobald es einen Impfstoff gäbe. So endeten Pandemien immer. Das wusste ich aus hundert Seuchenfilmen.

Am Anfang dieses Films, der nun unsere Wirklichkeit war, sagte Mai Thi Nguyen-Kim bei YouTube, einen Impfstoff zu entwickeln werde womöglich ein Jahrzehnt dauern. Die Chemikerin, Jahrgang 1987, erklärte uns alles so, dass wir es verstanden. Witzig, dachte ich, jetzt haben wir eine Corona-Lena.

Ein Jahrzehnt.

Dann bin ich fast 40.

Bald begannen sie, sich zu berichtigen. Und zwar, das war das Unglaubliche: nach unten. Aus Jahren wurden Monate. BNT162b2, der Wunderstoff, erfunden in Deutschland, Mainz-Oberstadt, würde seine Erfinder stinkreich machen, deutsche Einwandererkinder, die ausgerechnet An der Goldgrube 12 firmierten. Zum ersten und letzten Mal in meinem Leben dachte ich, dass es jemand wirklich verdient hat, Milliardär zu werden.

Die erste Impfung, vielleicht schon im Winter. Als Weihnachtswunder.

┐

Mein Vater hat mir einmal erzählt, wie er live vor dem Fernseher dabei zusah, wie Neil Armstrong aus seiner Raumfähre stieg, die Leiter herunterkletterte und auf der letzten

Stufe zögerte, um sich mit einem einzigen Satz unsterblich zu machen: »Das ist ein kleiner Schritt für einen Menschen, aber ein riesiger Sprung für die Menschheit.«

Damals war mein Vater elf Jahre alt. Als ich elf Jahre alt war, habe ich live dabei zugesehen, wie Menschen aus brennenden Hochhäusern sprangen, und wenig später erklärte mir ein Polizist, wie ich mich zu verstecken habe, wenn ein Mitschüler mich erschießen will.

Sollte mein Vater während seines Heranwachsens je Zweifel an der Großartigkeit der Menschen gehabt haben, räumte die der Mauerfall aus. Der Zusammenbruch der Sowjetunion. Der daraus folgende (und, ganz sicher, für alle Zeiten und alle Beteiligten ausnahmslos geile) Sieg von Demokratie und Marktwirtschaft. Damals war mein Vater ungefähr 30 Jahre alt. Deutschland war gerade Fußballweltmeister geworden. Ich wuchs im Bauch meiner Mutter.

Als ich ungefähr 30 war, lebte ich in der Pandemie. Und trotz all der Lockdowns, all den Kranken und Toten hatte ich das Gefühl, dass gerade etwas überwältigend Gutes passierte. Ich weiß bis heute nicht genau, woher dieses Gefühl kam. Ich dachte wie jemand, der ich doch gar nicht gewesen bin. Ich dachte wie ein Optimist. Dieser Impfstoff könnte unsere Mondlandung sein. Die Pointe für unser erstes Lebensdrittel voller Drill, Tod und Krise. Der Auftakt für den Rest. Wir hatten verstanden. Wir würden das wieder hinkriegen. Alles würde gut. Erst die Pandemie, das war unser Probelauf, und wenn wir schon mal dabei waren, würden wir Hunger und Artensterben beenden, Kinderarbeit verbieten, Aids und Malaria ausrotten. Die Welt würde wieder zusammenrücken.

Wie naiv das rückblickend klingt. Wie der Traum eines

Kindes, das ich schon lange nicht mehr war. Aber realitätsferner als das, was wirklich passierte, war es eigentlich auch nicht. Ich sehnte mich nach einer Zukunft, die mich nicht ausschließlich deprimierte.

Eigentlich war jetzt unsere Gelegenheit gekommen, dabei mitzureden. Wir waren keine Kinder mehr, die ertragen mussten, was passierte. Wir sahen in dieser Pandemie deutlicher als jemals zuvor, dass die Welt scheiße war, die uns die Alten hingestellt hatten. Das sahen die ja sogar selbst so. Wir hatten Jobs, manche sogar in Führungspositionen. Wir hatten das Internet, um uns zu vernetzen. Es war an der Zeit, alles anders zu machen. Nach der Pandemie. Das war doch ein guter Anfang für eine Geschichte, die wir mitschreiben würden. Das richtige Alter hatten wir mittlerweile. Wir hätten gekonnt. Hätten wir gewollt. Hätten sie uns gelassen.

War es wirklich naiv, mich nach einer Zukunft zu sehnen, die mich nicht ausschließlich deprimierte?

Schickst du mir 'nen Zoom-Link?

Es begannen die Tage, an denen ich keine Hose mehr anzog und erst mittags die Zähne putzte. Nicht aus Protest, sondern weil es egal war. Sah und roch beim Videocall sowieso keiner. Meetings waren noch betäubender, seit meine Kollegen zu kleinen Kacheln geschrumpft waren. Wartete ich darauf, in ein Meeting gelassen zu werden, starrte ich meinem Kachel-Ich tief in die Augen. Ein unendlicher Abgrund starrte zurück.

Es war ein bisschen wie damals in der Schule. Draußen darauf zu warten, wieder reingelassen zu werden. Ich hatte zwar keine Türklinke mehr in der Hand, aber guckte genauso ins Leere wie damals. Ließ man mich hinein, lachte drinnen keiner mehr, und doch: Ich machte alles falsch. Vergaß, auf einen Knopf zu drücken, damit sie hörten, was ich sagte. Vergaß, den Knopf erneut zu drücken, wenn ich fertig war. *Kannst du bitte dein Mikro stummschalten? Wir hören dich alle so laut atmen.*

Für die meisten von uns war diese Zeit keine Delle irgendwo im Spätherbst eines sonst sehr angenehmen Berufslebens. Sie war unser Einstieg. Die meisten haben in diesen Jahren eine Ausbildung abgeschlossen, die inklusive Schule und Studium knapp 20 Jahre gedauert hat.

Bad Schwartau, Lübeck, Jena, Dresden, Berlin, Hamburg, München. Das waren meine Stationen. Fascho-Opas in der Bäckerei, weinende Omas im Zivildienst. Die süßesten Jahre meines Lebens im Audimax der Uni Jena und die gruseligsten Minuten meines Lebens in Dresden. Praktikum hier, Praktikum da. Journalistenschule.

Und als ich endlich in den Beruf startete, bekam ich gesagt: Es ist nicht wichtig, was du tust. Du bist *nicht systemrelevant*. Wir machten nicht die ersten Schritte in unseren Karrieren. Wir gingen erstmal in Kurzarbeit.

Morgen für Morgen wurde ich müder und fragte mich, was ich hier eigentlich machte. Na ja, dachte ich, vielleicht ist der Mensch nicht dafür gemacht, den ganzen Tag mit Pixelgesichtern zu reden. Vor der Pandemie hatten wir nach Meetings manchmal gesagt, wir seien *nur körperlich anwesend* gewesen. Nicht mal das stimmte in dieser Zeit. Denken, Fühlen und Handeln waren im luftleeren Raum eines Zoom-Meetings vollends voneinander abgekoppelt. Vielleicht wurden wir deshalb immer müder. Weil wir alle weiterarbeiteten und so taten, als wäre das normal. Obwohl da draußen Millionen von Menschen starben.

In Japan verwenden sie das gleiche Wort für Krise und für Chance.

Haben sie schon in Bewerbungstrainings in der Schule gesagt. Fand ich schon immer Schwachsinn und wurde mir auch während der Pandemie nicht plausibler.

Digital arbeiten, Homeoffice, das wolltest du doch immer.

Wollte ich das? Eigentlich wollte ich einen Schreibtisch in einem Büro mit Menschen. Mit einem Büroschwarm.

Einer besten Nine-to-five-Freundin. Mit der würde ich mich zwar niemals privat verabreden, aber ich wäre traurig, wenn sie im Urlaub ist. Ich wollte Feierabendbiere. Von mir aus sogar das blöde Kickerturnier mit den Kollegen. Paintballspielen am Wochenende. Wegen *Teambuilding* und so.

Was für ein Gefühl blieb uns, wenn wir den ganzen Tag Computerarbeit machten und das längste Gespräch mit einem Menschen das mit der Bäckereifachverkäuferin war, bei der man sich ein schnelles Mittagessen holte? Es blieb das Gefühl kompletter Entfremdung von dem, was wir tagtäglich im Job taten – und vor allem: mit wem. Wenn wir während der Pandemie einen Job anfingen, sahen wir unsere neuen Kollegen über Monate, gar Jahre nicht als echte Menschen vor uns. Sondern als Pixelkacheln.

Und während Arbeitgeber die Großraumbüros kündigten, in denen wir gearbeitet hatten, kochten wir zu Hause unser eigenes Essen, heizten unsere Wohnungen (wusste ja keiner, wie krass die Nachzahlung reinhauen würde). Wir verbrauchten unseren Strom, um deren Dienstlaptop zu laden. Wollte ich das? Der Finanzplanung meines Chefs helfen, Unterpunkt Personalkosten, Unterunterpunkt Kosten für Büromiete und Kantine?

Es ist alternativlos

Das zweite Mal fühlt sich bei den aufregenden Dingen im Leben immer unendlich stumpfer an als das erste. Das war auch so, als auf den bizarr idyllischen Lockdown im Frühjahr ein weiterer im Winter folgte. Es wurde geimpft. Politiker fantasierten von einem Freedom Day. Einem Ende der Pandemie, vielleicht sogar als Feiertag, quasi als offiziell bestätigten Mondlandungsnachfolger. Und ich war ganz ehrlich und frei jeder Ironie ein bisschen ergriffen von der Menschheit.

Es passierte wirklich, worauf mich die Seuchenfilme vorbereitet hatten: Geniale Menschen hatten sich vereint, all ihr Wissen zusammengetragen und unglaublich viel Geld, um das Superserum zu erschaffen. Der erste Pieks, der Anfang vom Ende.

In der Realität aber passierte etwas so Unvorstellbares, dass noch kein Drehbuchautor darauf gekommen war: Die Menschen wollten den Impfstoff nicht. Die Menschen wollten nicht immun sein. Sie demonstrierten sogar dagegen. Dabei trugen sie Sterne auf dem Ärmel: UNGEIMPFT. Statt Masken hatten sie Orangennetze im Gesicht.

Bill Gates habe das Virus erfunden, sagten sie.

Es ist eine Plandemie.

Die Rockefellers haben eine Biowaffe draus gemacht.

Das Ziel ist eine weltweite Corona-Diktatur und, ähm, Mikrochips, ja, irgendwas ist mit Mikrochips und dem neuen Mobilfunknetz 5G.

Die Rothschilds stecken natürlich mit drin, George Soros sowieso.

Aber anstatt Menschen, die so was sagten, wie die komplett verstrahlten Vollspinner zu behandeln, die sie waren, ging von vorne los, was ich aus Dresden kannte. Wir müssten besser argumentieren, hieß es, dann ließen sie sich impfen. Wieso war ich schon wieder dafür zuständig, Menschen zu bekehren, die sich wie Arschlochkinder benahmen? Und was sollte ich einem noch sagen, der mich *Schlafschaf* nannte?

Die Impfung konnte am Ende weniger, als sie uns versprochen hatten. Ja, es starben weniger Menschen an der Krankheit. Aber die Krankheit selbst starb nicht. Corona würde für immer bleiben. Es war, als wäre damals die Mondfähre explodiert, als sie wieder in die Erdatmosphäre gelangte. Wäre das passiert, würden wir den Mond mit anderen Augen sehen. Er wäre kein Symbol des Fortschritts, sondern des Todes. Und der Arroganz des Menschen, der glaubte, er könnte auf anderen Planeten spazieren gehen.

Unten auf der Erde mobbten Impfgegner die österreichische Ärztin Lisa-Maria Kellermayr in den Suizid. Der SPD-Gesundheitsexperte Karl Lauterbach sprach ihrer Familie sein Beileid aus. Er selbst traute sich nur noch unter Polizeischutz auf die Straße. Christian Drosten, den eine Freundin von mir ein bisschen heiß fand, weil er uns Tag für Tag das

Virus erklärte, bekam dafür Morddrohungen. Ein Mann in Idar-Oberstein erschoss einen jungen Tankstellenkassierer, wahrscheinlich einen Minijobber wie ich einst, weil der ihn gebeten hatte, beim Einkauf eine Maske aufzusetzen. Das hatte ich also davon, von einer weltvereinenden Menschheitsleistung geträumt zu haben. Von einer Zukunft, die nicht ausschließlich deprimierend war.

¬

Angela Merkel, die ostdeutsche Frau, streng, aber nicht herzlos, und meine Mutter, die ihr darin so ähnlich ist, teilen ein Lieblingslied. Meine Mutter hörte es beim Geschirrspülen und im Auto, wenn sie mich zum Fußballtraining fuhr. Angela Merkel ließ es sich vom Stabsmusikkorps der Bundeswehr zum Abschied spielen: Für meine Mutter und Mutti Angela, für sie *soll's rote Rosen regnen*, ihnen *sollten sämtliche Wunder begegnen, die Welt sollte sich umgestalten* und, vor allem, sollte sie *ihre Sorgen für sich behalten.*

Das tat die Welt: Meine Mutter schirmte von mir ab, was sie konnte. Merkel tat dasselbe für uns alle. Die Welt behielt ihre Sorgen für sich. Die Krisen, die wir mitbekamen, machten uns Angst, aber ganz real erreichten sie uns nicht. Während der Finanzkrise stellte sich die Kanzlerin schützend vor die Spareinlagen. Meine Mutter verzichtete auf die Kürzung meines Taschengeldes. Nachdem das Kraftwerk in Fukushima explodiert war und die Kanzlerin den Atomausstieg beschlossen hatte, konnte ich trotzdem tagelang Playstation spielen, ohne dass meine Mutter schimpfte, ihr fehle Strom für die Waschmaschine.

Mit Angela Merkel schien mir Deutschland unverwundbar. Sie regelte das schon. Und wir nahmen das so hin. Was die Alten natürlich nicht davon abhielt, uns vorzuwerfen, wir seien so viel unpolitischer, als sie es gewesen waren. Geschenkt, dass sie die Gerd-Show und TV total erfunden und uns beigebracht hatten: Politik ist dafür da, sich zu amüsieren.

Es hätte sie nicht wundern sollen – und tat es dennoch –, dass wir uns bei Jan Böhmermann oder der heute-show weghauten, wenn ein Politiker was Dummes sagte, anstatt wütend zu sein, was für Leute da die wichtigsten Ämter ausübten. Manche von uns fingen dann an, Comedians statt Politiker zu wählen. Martin Sonneborn, Nico Semsrott und ihre Partei, die bloß *Die Partei* hieß. Was für ein Gag.

In den verschiedenen Deutschlands von früher, die ich vor allem in nächtlichen N24-Dokus kennenlernte, in Berlin, in Bonn oder in Königsberg gab es immer große Versprechen für die Menschen, die darin lebten.

Jeder nach seiner Façon.

Mit Gott für König und Vaterland.

Ein Volk, ein Reich, ein Führer.

Auferstanden aus Ruinen.

Wohlstand für alle.

Einigkeit und Recht und Freiheit.

Unsere Kanzlerin versuchte es mit: *Wir schaffen das.* Das hätte ein schönes Erbe sein können. Hätte es nicht ein ganzes Land gespalten statt zu vereinen. Am Ende bleibt von ihr ein anderes Wort:

Alternativlos.

Damit beflügelte die Kanzlerin eine neue Fascho-Partei, die ganz gewieft die Alternative gleich im Namen trug.

Früher haben wir uns oft über einen Ausschnitt von Frauentausch lustig gemacht, in dem »Psycho-Andreas« einen Wutanfall kriegt: »HALT STOPP, JETZT REDE ICH!« Er knallte die Tür und sein Schalke-Kalender fiel von der Wand. Seine Tauschfrau hatte es gewagt, ihn zu fragen, ob sie sich etwas Platz im Bad für ihre Zahnbürste machen dürfe. Damit auch sie sich darin wohlfühle.

»Das bleibt alles so, wie's hier ist!«, schrie Andreas, und je wütender er wurde, desto wilder wurden seine Sätze. »Und es wird sich hier nichts dran rütteln! Egal, ob du hier bist – und nicht!«

Wenn aber die Kanzlerin *alternativlos* sagte und damit das Gleiche meinte wie Frauentausch-Andreas, nahmen das alle total ernst. Wenn wir wollten, dass unser Land von allem Übel verschont blieb, musste sie genau so regieren, wie sie es tat. Sachzwänge, parlamentarische Mehrheiten, Fraktionstreue, Politik als Kunst des Möglichen. Alles musste so bleiben, *wie es ist und es wird sich nichts dran rütteln.* Es war alternativlos. *Egal, ob ich hier bin – und nicht.*

Bei mir dauerte es bis zur Pandemie, bis ich verstand: Stimmte gar nicht. Nichts musste so bleiben, wie es ist. An allem konnte gerüttelt werden. Von Menschen verabredete Regeln waren keine Naturgesetze. Alles konnte möglich gemacht werden, wenn man nur wollte. Ich sah, noch bevor ich 30 wurde, wie das globale Wirtschafts- und Finanzsystem zum zweiten Mal gerettet werden musste, und zwar von Staaten, die von diesem System für ihre Regulierung gehasst wurden. Ich sah, dass Superreiche immer superreicher wurden und der Rest von uns irgendwie nicht. Es war also schon immer gelogen, dass man es den Reichsten am leichtesten machen sollte, damit sie mehr Geld verdienten und das dann auf magische Art und Weise irgendwie nach unten durchrieseln würde.

Es war gerade eine Zeit, in der alte Gewissheiten infrage gestellt wurden – weil die Pandemie uns dazu zwang. Aber auch, weil diejenigen verschwanden, die die alten Gewissheiten verkörpert haben.

Stefan Raab war in den Ruhestand gegangen. Dann ging unser ewiger Bundestrainer. Und schließlich ging unsere ewige Kanzlerin. Der eine hatte uns gezeigt, was witzig war. Der Zweite, was schöner Fußball war, dank dem Deutschland immer mindestens ins Halbfinale kam. Und sie hatte uns gezeigt, was Politik bedeutete, die uns zwar lähmte, aber wenigstens in Ruhe ließ.

Macht's gut, Stefan und Jogi. Mach's gut, Angie.

Hatte Angela Merkel zum Amtsantritt noch einen Papst und eine Weltmeisterschaft bekommen, bekam ihr Nachfolger Olaf Scholz zum Amtsantritt einen Krieg in Europa. Und einen Finanzminister, der unbegreiflich geizig war. Der so tat so, als sei sein postpandemisches Sparen das größte Geschenk aller Zeiten – und wir nur zu blöd, das zu kapieren.

Aber ja: Eines Tages werde ich meine Kinder von der Schule abholen und sie werden Masken tragen. Nicht wegen eines erneuten Corona-Ausbruchs, sondern weil ihnen von der Decke ihres maroden Klassenzimmers Asbest auf die kleinen Köpfe rieselt. Gemeinsam fahren wir nach Hause, auf kaputten Gleisen, aus denen einmal pro Fahrt die Straßenbahn hinaushüpft. Schienenersatzverkehr an den Rand des Stadtrands, weil wir uns nur dort die Miete leisten können. Meine Kinder erzählen mir, dass sie sich abwechselnd vor dem nuklearen Winter und dem nächsten Extremsommer fürchten. Ich würde sie beruhigen: Aber Kinder, wir haben die schwarze Null im Bundeshaushalt, und schaut euch die schönen Bilder an, das ist der Gründer dieses Onlineversandhandels, der hat eine 127 Meter lange Jacht und eine 127 Jahre jüngere Freundin und bald fliegt er mit seinen 127 besten Milliardärsfreunden zum Mars, und wenn das nicht ein Ausweis des Wagemuts und Fortschritts dieser großartigen Menschheit ist, dann weiß ich auch nicht.

⌐

Manchmal dachte ich, dass ich in der Wohnung sterben würde, in der ich gerade wohnte. Hätte ich diese Wohnung nämlich noch einmal anmieten wollen, hätte ich sie mir schlichtweg nicht mehr leisten können. Und es war nicht so, dass ich seit 30 Jahren da wohnte und seither bei jeder Mieterhöhung vergessen wurde. Ich hatte keinen *Altvertrag*. Ich war in der Pandemie eingezogen und seither waren die Mietpreise so explodiert, dass ich mittlerweile mehr Geld zahlen würde, wenn ich mich verkleinerte.

In meinem Umfeld gab es Paare, die zusammenziehen wollten und sich wunderten, dass es überhaupt nicht günstiger für sie wurde, wenn sie sich die neue Miete teilten. Paare, die sich trennten und monatelang weiter zusammenlebten, weil sie keine eigenen Wohnungen fanden. Und Paare, die Eltern wurden und entschieden, ihr Schlafzimmer auf die Wohnzimmercouch zu verlegen, damit das Kind ein eigenes Zimmer hat. Die Hoffnung auf eine größere Wohnung mit Kinderzimmer, vielleicht sogar für zwei, hatten sie längst aufgegeben. Also verkleinerten sie sich in der eigenen Wohnung. Oder sie zogen an den Stadtrand, aufs Land, wo sie vereinsamten. Oder, wenn es gar nicht anders ging: in die alte Heimat.

Tja, hörte ich unsere Eltern sagen. Oder unsere Chefs. All jene also, die echte Altmietverträge oder ihr wunderschönes Haus schon vor 30 Jahren für einen Sack faulige Kartoffeln eingetauscht hatten: *Kann halt nicht jeder in der Stadt wohnen.* Schulterzucken. Pech gehabt. Dabei waren sie es, die uns einmal gesagt hatten, für unseren Traumjob müssten wir bereit sein, jederzeit in eine Großstadt umzuziehen.

Keiner tat etwas dagegen. Als hätten sich unsere Städte von allein ausverkauft, nach der Wende und dann ein zweites Mal nach der Finanzkrise. Aber ja, es war natürlich wichtig, dass Investoren, große deutsche Pensionskassen oder der saudische Staatsfonds, daran mitverdienen konnten, wie wir wohnten.

Wenn ich eine Großbaustelle sah, machte ich mir ein Spiel daraus. Na, was wird da wohl reinkommen, in diese häuserblockgroße Baugrube?

Luxuseigentumswohnungen?

Ein Bürokomplex?

Ein Hotel für tausend Euro die Nacht?

Eines davon traf immer zu, meistens sogar die Kombination daraus. Denn anders als mit Mietwohnungen für normale Menschen mit normalen Einkommen ließ sich damit Geld verdienen.

Eigentlich müsste es uns viel wütender machen, zu Massenbesichtigungen zu gehen, damit wir 20 Euro den Quadratmeter bezahlen dürfen. Vollzeit zu arbeiten, okay bis gut zu verdienen und sich trotzdem nichts in der Stadt leisten zu können. Eigentlich müssten wir Häuser besetzen.

Taten wir aber nicht. Ich stellte mir lieber vor, dass ich Moderator einer Gameshow wäre. Herzlich willkommen zu *In meinen Schuhen – Der große Generationentausch.* Begrüßen wir die Kandidaten der heutigen Folge:

Burkhard, der bumsfidele Bankkaufmann aus Bochum.

Martina, die mehrsprachige medizinische Fachangestellte aus Marburg.

Und Susanne, die spirituelle Süßwarentechnologin aus Stralsund.

Sie stellen sich heute der ultimativen Herausforderung: eine Wohnung in einer Großstadt finden. Mit einem Budget von 1000 Euro.

Burkhard fliegt direkt raus. Er schummelt. In meiner Show darf er keinen Telefonjoker nutzen. Keinen Onkel und keine Tante anrufen, denen Wohnungen gehören. Keine Freunde, von denen immer einer was weiß, was noch nicht auf dem Markt ist. Burkhard fängt Streit an. Er weigert sich, genau wie wir, nur ImmoScout24 benutzen zu können. Er will keine beliebige E-Mail-Adresse im übervollen Postfach eines Vermieters sein. Sorry, Burkhard. Du bist raus.

Martina kriegt einen Heulkrampf. Papierstau. Ihr Drucker streikt bei dem Versuch, die notwendigen Dokumente für ihre Bewerbungsmappe auszudrucken. Anschreiben mit Foto, unter das sie geschrieben hat: keine Tiere, keine Hobbys, keine Partys und auch sonst keine menschlichen Regungen. Dazu: Lebenslauf, Angaben zu Vorstrafen, Religion und Familienplanung. Schließlich will niemand ein Schrei-Baby in der Hausgemeinschaft. Dazu: Mieterselbstauskunft, Mietschuldenfreiheitsbescheinigung, Empfehlungsschreiben vom Vorvermieter, Auskunft der Schufa, Gehaltsnachweise, Kontoauszüge, großes Blutbild – und eine

Bürgschaft der Eltern. Ach, die sind schon lange tot? Tja, sorry, Martina, wenn du dich weigerst, die notwendigen Dokumente beizulegen, bist du auch raus.

Susanne gewinnt! Die spirituelle Süßwarentechnologin findet schon nach wenigen Monaten ein schuhkartongroßes Apartment am Stadtrand. Mit Küchenzeile, die zwar keinen Backofen hat, aber 3000 Euro Ablöse kostet. Mit einem Bett, das sie abends aus dem Schrank klappen muss, und einem Bad auf dem Gang, das sie mit fünf anderen Mietern teilt. Worüber sich Susanne am meisten freut: Es gibt keinen Boden in der Wohnung. Hier kann sie sich also nach Herzenslust selbst verwirklichen. Herzlichen Glückwunsch!

Und in der nächsten Folge: Welche unmenschlichen Herausforderungen erwarten unsere Kandidaten, die mit Burkhard, Martina und Susanne getauscht haben? Wird es Jasmin gelingen, den Antrag auf Rentenerhöhung korrekt auszufüllen? Packt Tim den Wocheneinkauf, bei dem einfach keine zweite Kasse geöffnet wird, obwohl doch alle sehen, dass er am längsten wartet? Kommt Lisa mit den Schuldgefühlen klar, einer alteingesessenen Mieterin wegen Eigenbedarf zu kündigen?

⌐

Manchmal komme ich mir vor wie der egalste Mensch der Welt: kinderlos, um die 30, selbstständig mit einem deutschen Durchschnittseinkommen, ohne Haus und ohne Auto. Eigentlich bin ich ein guter Deal für den Staat. Ich beanspruche vergleichsweise wenig Platz, Infrastruktur, Bildungs- und Betreuungsangebote und stelle bisher auch keine Krankheitsansprüche.

Trotzdem ging jede politische Sofortmaßnahme an mir vorbei: Wer während der Finanzkrise ein neues Auto kaufte, bekam eine Abwrackprämie für sein altes. Da hatte ich noch nicht mal einen Führerschein. Wer heute ein E-Lastenrad kauft, kriegt dafür eine Förderung vom Staat. Für Familien, denen das nutzt, freue ich mich. Einige meiner besten Freunde gehören zu diesen Familien. Auch für Felix freue ich mich wirklich, er hat sich eine elektrische Vespa in Rosa gekauft, die ihm enorm gut steht. Felix sagt, ohne die Elektromobilitätsprämie hätte er die Vespa nicht gekauft. Verstehe. Aber ich verstehe nicht, warum ich mein Rennrad alleine bezahlen muss, dank dem ich doch auch auf ein Auto verzichte.

Wenn Hausbesitzer Photovoltaikzellen auf ihr Dach schrauben lassen, um Strom von der Sonne produzieren zu lassen – gute Sache. Aber müssen Menschen, die sowieso schon in einem eigenen Haus wohnen, für diesen Umbau Tausende Euro geschenkt kriegen? Warum lassen Politiker mich allein, wenn Immobilienkonzerne Mieten verlangen, die meinen finanziellen Ruin bedeuten?

Auch Rentenerhöhungen sind eine gute Sache. Ich gönne es allen, die davon profitieren. Aber ich halte es für unfair, wenn die gleichen Politiker, die sie beschließen, uns sagen, wir müssten länger arbeiten gehen. Bis 67. Bis 70. Ach, gleich bis ein Jahr vor dem Tod.

Ein einziges Mal war es anders. Es gab eine sogenannte Corona-Soforthilfe vom Staat. Für Menschen wie mich. Für Selbstständige. Ein paar tausend Euro, die jene ruhiger schlafen ließen, die durch die Pandemie in eine finanzielle Schieflage geraten waren. Viele meiner Freunde, junge Autorinnen, Journalisten und Kameraleute, beantragten diese

Soforthilfe – und bekamen sie auch. Wow. Wir scherzten, die Regierungsparteien hätten sich für die kommende Wahl unsere Stimme gekauft. Nehmt uns wahr, nehmt uns ernst, zeigt uns das. Dann wählen wir euch. So leicht konnte es sein.

Bloß behalten durften viele von uns diese Soforthilfe nicht. In den Ministerien, die das Geld verteilten, hieß es bald, wir dürften davon keine Miete bezahlen und kein Essen kaufen. Das Geld wäre ausschließlich für Betriebsausgaben gedacht: Ladenmiete, Leasingvertrag für den Dienstwagen, Materialkosten. Wer allein und mit einem Laptop arbeitet, pandemiebedingt zu Hause, hatte allerdings so gut wie keine Betriebskosten. Der wurde bestraft, weil er keinen Edelstahl mittels einer teuren Gewindeschneidmaschine verarbeitete, um daraus Schrauben zu fertigen. Wir mussten die Soforthilfe zurückzahlen. Was noch grausamer war, als wenn wir, wie immer, ignoriert worden wären. Von der ausgestreckten Hand blieb nur der Mittelfinger.

Eigentlich wäre es so einfach. Ich müsste aufhören, so harmlos zu sein. Aufhören, alles einfach so hinzunehmen. Und jede Kooperation mit denen da oben einstellen. Ich müsste mich denen annähern, um die sie sich ständig kümmern. Ich müsste anfangen, vom Multikulti-Kalifat zu faseln oder, wenn ich etwas schlauer klingen will: vom Ethnopluralismus. Remigration. Von der Genderpolizei und dem Sondereinsatzkommando Political Correctness. Ich würde ernst genommen werden mit Problemen, die ich mir ausdenke: Doch, doch, meinen Nachbarn haben sie echt neulich abgeholt. Er hatte sich geweigert, in der Kantine die Salzstreuer:in rüberzureichen. Nun muss er Zwangsarbeit in einem sächsischen Tagebau leisten. Schlimm, oder? Armes Deutschland. Dabei sollten sie mal lieber diese Klimaterroristen wegsperren. Diese verwöhnten, un-

dankbaren Gören. Oder die Schleuserkomplizen auf dem Mittelmeer. Oder die Anti-Fleisch-Lobby, die mir mein Schnitzel wegnimmt. Ich würde darauf bestehen, dass jeder das Recht hat, verarscht zu werden. Außer mir selbst natürlich. Wenn mich jemand darauf hinweisen würde, dass meine Witze über Frauen und Migranten nicht witzig sind, sondern richtig verkommen bösartig, wäre ich persönlich beleidigt. Dann würde ich mich so lange darüber beschweren, dass ich wirklich gar nichts mehr sagen darf, bis jemand eine Fantasiediagnose meines Leidens stellt: Cancel Culture. Man würde mich einen besorgten Bürger nennen und versuchen, mich zurück in die Gesellschaft zu holen. Indem sie mich pampern, indem sie damit anfangen, ihre Sprache meiner anzupassen, und den ganzen Hass aus mir rausknuddeln, bis ich mich magischerweise wieder zurück in ein wertvolles Mitglied der bürgerlichen Mehrheitsgesellschaft verwandele.

Die Welt ist nur geborgt

Einmal die Woche mobbte mich mein Smartphone. Es zeigte mir meine Bildschirmzeit im Tagesdurchschnitt. Sie war ungefähr so lang wie die Extended Edition des letzten Teils von Der Herr der Ringe. Jeden einzelnen Tag.

Warum hängst du immer so viel am Handy?

Ich konnte mir nichts Gruseligeres vorstellen, als alleine mit meinen Gedanken zu sein. In der Grundeinstellung des Lebens fühlte sich alles benommen an. Betäubt. Als tobte in meinem Kopf ein Trockengewitter, das nie aufhörte. Es blitzte und grummelte und donnerte. Nie regnete es sich ab. Nie schien danach die Sonne. Ich konnte nicht gegen Tränen kämpfen, die gar nicht rauswollten.

Da half es sehr zuverlässig, im Smartphone zuzusehen, wie Esra in der Toskana frühstückte oder Fabi auf die Zugspitze wanderte. Die zehn besten Suppen für den Herbst. Dutzende Hunde, denen sie ein Freibad überlassen haben. Süß.

Aufgewachsen waren wir mit einem Versprechen: *Alles wird immer besser.* Über Jahrhunderte hatte das Menschen angetrieben. Unsere Kinder sollen es einmal besser haben.

Und über Jahrhunderte erfüllte sich dieser Wunsch. Unsere Eltern haben es besser als ihre Großeltern und sie wollten, dass wir es noch besser haben als sie. Deshalb haben mich meine Eltern damals aufs Gymnasium geschickt, gegen die Empfehlung meines Klassenlehrers.

Wir waren nun die Ersten, die am Kipppunkt standen. Die Ersten, die wussten, dass es uns niemals besser gehen würde als denen vor uns. Die nächste Lebenskrise war nur eine Eigenbedarfskündigung entfernt. Einen nicht verlängerten Arbeitsvertrag. Wer gerade rechtzeitig geboren war, um 9/11 mitzukriegen und um die 30, als eine Pandemie startete, hatte entweder ein Kind oder ernstzunehmende Probleme mit seiner mentalen Gesundheit. (Spoiler: Ich habe kein Kind.)

Vielleicht lag es daran, dass Nachrichten nichts mehr waren, das wir nur abends in der Tagesschau sehen konnten. Oder bei der freiwilligen Lektüre einer Tageszeitung am Frühstückstisch. Hatte man früher keine Lust auf Nachrichten, ließ man den Fernseher aus. Man rupfte sich den Teil mit den Kleinanzeigen aus der Zeitung und bewahrte den Rest zum Fensterputzen auf.

Für uns war es unmöglich, sich den Nachrichten zu entziehen.

Ich wachte mit der Eilmeldung auf dem Handy auf: *Höchstwert für Krankheitstage wegen psychischer Krankheiten.*

Auf Instagram las ich: *Eis in der Arktis so dünn wie nie zuvor seit Beginn der Wetteraufzeichnungen.*

Die digitale Werbetafel an der Haltestelle zeigte: *Inflation so hoch wie seit dem Zweiten Weltkrieg nicht mehr.*

Das Fahrgastfernsehen in der U-Bahn: *Immobilien so teuer wie nie.*

Selbst in der Kantine hing ein Nachrichtenscreen, der die Angebote des Tages unterbrach: *Fascho-Partei erstmals in Umfragen vorne.*

Ständig stieg oder fiel irgendwas auf historisches Rekordniveau. Nie war das etwas Gutes. Selbst Game of Thrones, unser aller Lieblingsserie, kriegte das schlechteste Serienfinale aller Zeiten.

Das beste Gegengift wäre Vertrauen gewesen. Darauf, dass es besser würde. Dass wir etwas tun konnten, um damit klarzukommen. Dass jeder Einzelne von uns zählte, als Teil einer Stadt, eines Landes oder einer Welt, die wir alle gemeinsam bewohnen.

Doch woher sollte dieses Vertrauen kommen? Ich fragte mich, ob diejenigen recht hatten, die sagten, dass ich zu weich sei. Vielleicht gehörte es zum Erwachsenwerden dazu, Angst zu haben. Sie auszuhalten. Mit ihr zu leben.

Wir sahen als Kinder, wie Flugzeuge in Wolkenkratzer krachten, den Krieg in Afghanistan, bei dem Deutschland mitmachte, den Krieg im Irak, dem sich Deutschland verweigerte. Schulamokläufe. Den Tsunami. Die ersten Terroranschläge.

Unsere längste Phase relativer Angstfreiheit war die Zeit zwischen dem Sommermärchen und Lenas Sieg beim ESC. Da erwischte es nur die Weltwirtschaft und statt Menschen starben Unternehmen. Für Lehman Brothers hielten wir keine Schweigeminute ab.

Und dann explodierte in Japan ein Atomkraftwerk. Da waren die Eurokrise und der ganze Terror in Europa. In Paris, Brüssel, in Berlin, München, in Hanau und Halle. Eine Kölner Bürgermeisterin wurde von einem Neofaschisten niedergestochen und ein CDU-Politiker von einem Neofaschisten erschossen, weil sie es richtig fanden, Menschen aufzunehmen, die ein besseres Leben suchten. Wir erlebten die Unlust der Menschen an allem, auf das wir uns doch eigentlich so unumstößlich geeinigt hatten, weil es *alternativlos* war, wie die Kanzlerin sagte. Demokratie, Marktwirtschaft, Freiheit. Hinter dem Ende der Geschichte lauerte auch noch eine weltumspannende Pandemie, mit Millionen von Toten. Der Krieg in der Ukraine. Das nächste Wahljahr, an dessen Ende stehen könnte, was ich mir nicht vorstellen wollte.

Menschen wie meine Oma oder mein Vater waren nicht mein Problem. Meine Oma war tot, mein Vater in Rente, so wie die meisten aus den *geburtenstarken Jahrgängen* nach dem Krieg. Sie sind es nie gewesen und waren es nicht, die mich fertigmachten, wenn ich sagte, dass ich von so viel Weltgeschichte in so wenig Lebenszeit überfordert war.

Unser Problem waren die Lehrer von damals, unsere Chefs von heute. Die, die jetzt anfingen, überall da zu sitzen, wo es etwas zu entscheiden gab. Menschen, die um die Jahrtausendwende so alt gewesen waren, wie wir es heute waren. Um die 30.

Die ihre Kindheit nahezu angstfrei und finanziell abgesichert erlebten. Die es sich leisten konnten, in der Jugend zur Musik von Oasis, Cyndi Lauper oder Depeche Mode die große Ich-scheiß-auf-alles-Revolte zu inszenieren, was nicht mehr war als ein kollektiver Egotrip.

Als Erwachsene war ihr größtes Problem, ob das eigene Aktiendepot das Platzen der Dotcom-Blase überstand. Welches Brillenmodell oder Auto sie sich für den maximalen Statusgewinn anschafften. Oder welche Farbe die abgewetzte Barbourjacke haben sollte, um damit stilecht bei

Gosch in List auf Sylt zu sitzen und ein Jever aus der Flasche zu trinken.

Vielleicht hatten sie nur ein einziges Mal wirklich Angst. Direkt vor der Jahrtausendwende. Als sie sich fürchteten, Computer würden nicht damit klarkommen, die neue Jahreszahl darzustellen. 2000. Doppelnull. Das hieß in Computersprache: Leerstelle. Orientierungslos in der Zeit, würden die Prozessoren schmelzen. Verkehrschaos, Börsencrash, nuklearer Winter. Gute Nacht, Menschheit.

Hä, waren die alle dumm oder so? Warum probierten die das nicht einfach aus?

Zu Hause krabbelte ich in die Schrankwand und zog das Internetkabel aus unserem Familiencomputer. Dann könnte er unmöglich wissen, wie spät es war und welchen Tag wir hatten. Auf dem Computer stellte ich die Uhr vor.

31. Dezember 1999, 23:59:00.

Eine Minute lang starrte ich auf die Uhrzeit auf dem Bildschirm.

01. Januar 2000, 00:00:01.

Nichts explodierte. Die Uhr lief weiter. Als das neue Jahrtausend in echt begann, bestätigte sich für die ganze Welt, was ich dank meines Laborexperiments längst wusste.

Vielleicht entdeckte ich in diesem Moment mein Gegengift gegen die Angst. Vielleicht bin ich damals zu einem der Kontrollfreaks geworden, die wir heute alle sind.

Wir begannen, im Urlaub nicht mehr ins erstbeste Restaurant zu gehen, das uns gefiel. Wir sichteten erst die Bewertungen bei Google. Dabei hatte niemand, dessen Meinung über Essen wir wirklich schätzten, jemals eine Google-Bewertung für ein Restaurant geschrieben. Aber im Urlaub sagten uns Fremde im Internet: *Super Service, toller Ausblick, leckeres Essen. Besonders nett war der Ouzo aufs Haus. Einen zweiten bekamen wir trotz mehrfacher Bitte nicht. Ein Stern.*

Wir erfanden sogar neue Ängste, die wir mit der Illusion von Kontrolle einfangen wollten. Die FOMO. Die Fear of Missing Out. Die Angst, etwas zu verpassen. Jede Erfahrung sicherten wir schon im Vorhinein ab. Wir verbrachten so viel Zeit bei Tripadvisor und der Bildersuche von Google, dass wir vor Ort bloß noch das tatsächliche Aussehen eines Ortes oder eines Gerichts mit den Bildern abglichen, die wir zu Hunderten vorher gesehen hatten. Wenn es in echt so aussah wie zuvor auf den Bildern, beruhigte uns das. Es erzeugte ein Gefühl der Kontrolle. Alles war in Ordnung. Und während wir Selfies posteten, bei denen wir dem, was wir eigentlich fotografierten, den Rücken zuwenden mussten, googelten wir schon die nächste Etappe.

Eigentlich müsste ich mal wieder richtig ausbrechen. Mir die Haare rot färben, mich Rey nennen und für ein halbes Jahr nach Tokio ziehen. Um mal zu schauen, ob da nicht doch eine homosexuelle Seite in mir ist. Nicht, um danach ein Buch drüber zu schreiben. Nicht einmal, um es in meiner Insta-Story zu posten. Nicht als Performance, sondern als Erfahrung. Nur für mich.

Machte ich doch eh nicht. Machte keiner, den ich kannte. Lieber führten wir ein Leben im Als-ob, im Was-wäre-wenn. Sogar wenn wir verliebt waren. *Wäre ich sehr kitschig, würde ich sagen, dass ich dich echt mag.* So eine ironische Liebeserklärung konnte niemand so zurückweisen, dass es ernsthaft schmerzte. Ohne es zu merken, wurde unser ganzes Leben zu einer Versuchsanordnung in kontrollierter Laborumgebung.

Die Welt da draußen war zerrissen, die Welt in uns oftmals genauso. Also fingen wir an zu kontrollieren, was das eine vom anderen trennt. Wir kontrollierten unsere Körper.

Intervallfasten. Low Carb. No Carb. Paleo und Keto. Metabolic Balance und Mono Meals. Fettfrei, zuckerfrei, glutenfrei, laktosefrei. Unseren Schlaf trackten wir, die Zahl unserer Schritte und der verbrannten Kalorien. Kein Kaffee mehr am Nachmittag. Nichts Schweres essen am Abend. Wir wurden die, die alkoholfrei tranken und nikotinfrei rauchten. *Es kommt so nah ans Original, dass ich gar nichts vermisse.*

Wir waren mittlerweile um die 30 und erwarteten von uns, trotz Bürojob oder Schwangerschaft besser auszusehen als je zuvor. Die Pubertät war vorbei. Keiner müsste sich dafür schämen, was die Zeit aus unseren Körpern gemacht hatte. Wir könnten verstehen, dass wir niemals so gut aussehen würden, wie die, deren Job es war, gut auszusehen. Influencer, Pornodarsteller und alles daneben und dazwischen. Taten wir aber nicht.

Mir als Mann fiel es leicht, das zu sagen. Über Männer hieß es, sie würden im Alter immer besser. Wie ein Kunstwerk, dessen echten Wert erst die Geschichte offenbart. Für Männer, die diese Vorstellung erfunden haben, mochte sie tröstend sein. Aber ehrlich: Nichts, aber auch gar nichts war heiß an Tränensäcken und Haarausfall.

Männer ließen sich neue Haare transplantieren und Augen straffen. Frauen in meinem Alter spritzten sich ihre Lippen auf und Botox in die Stirn. Wir laserten unsere Achselhaare weg und ließen uns Zähne und Arschloch bleachen. Damit wir für immer jung und fickbar blieben.

Unser Verhältnis zum Körper hat sich verändert, seit wir

ihn umfassend verändern können. Er ist nichts Gegebenes mehr. Gene oder Gott spielen nur noch eine untergeordnete Rolle. Wer die Mittel hat, kann sich von Grund auf neu gestalten. Und wer es nicht tut, wirkt wie jemand, der Durst hat und ein Glas Wasser ablehnt.

Dazu passte, dass Brüste wie die von Pamela Anderson oder Gina Wild, die mich als Pubertäter noch hypnotisiert hatten, niemanden mehr interessierten. Das prägendste Bild unserer Zeit war das von Kim Kardashian, die ein Champagnerglas auf ihrem operierten und gephotoshoppten Arsch balancierte. Bei Instagram, gepostet von ihr selbst.

Der Arsch war ein Statussymbol. Aber natürlich wären wir nicht gleichzeitig die größten Instagram-Opfer und Bio-Nachhaltigkeits-Freaks, wenn wir am Ende den Arsch am meisten respektierten, dem wir ansahen, dass er nicht nur das Resultat eines Buttlifts war. Sondern das Ergebnis von Training. Harter Arbeit. Leistung. Ein Arsch wie ein perfekter Lebenslauf.

⌐

In der Schule hatte uns einmal ein engagierter Lehrer einen Film gezeigt. Es ging um Eisbären. Sie waren ganz dürr, sie suchten nach Eis, das es nicht mehr gab. Mir tat das leid für die Eisbären. Aber ich hielt es nicht für ein Problem, für das ich etwas konnte. Oder an dessen Lösung ich mich beteiligen müsste. Als Kind hatte es mich schockiert, als ich erfuhr, dass eines Tages die Sonne explodieren und dann alles Leben, wie ich es kannte, ausgelöscht werden würde. Aber es beruhigte mich, dass das erst in ein paar Milliarden Jahren so weit sein würde. Da wäre ich ja schon hundertmal tot. Ich dachte, bei der Sache mit den Eisbären wäre das ähnlich. Tja.

Wir begriffen, dass wir in unserer Lebenszeit auch noch ausbaden müssten, dass die Alten die Welt in Plastik eingeschweißt hatten, das nun in den Weltmeeren Delfine und Schildkröten tötete. Dass sie für immer größere Autos und immer mehr Fabriken den Planeten dermaßen ausgebeutet hatten, dass er nun drohte, unbewohnbar zu werden. Und wir machten das, was wir immer taten. Ohnmächtig, aber herzzerreißend süß. Mit Strohhalmen aus Glas. Aus *Flugscham* fuhren wir mit dem Nachtzug. Wir aßen nur noch ganz selten Fleisch. Wenn überhaupt, dann vom Metzger unseres Vertrauens. *Da weiß ich wenigstens, wo es herkommt.*

Verzicht ist der kleinstmögliche Protest, den es gibt, aber der größtmögliche, zu dem wir in der Lage waren. Einer, der niemanden nervte, weil er niemandem wehtat. Er nahm auch niemandem etwas weg. Und selbst dafür wurden wir fertiggemacht – von Menschen, die die Billig-Airlines und Massentierhaltung auf den Weg gebracht hatten und sich kein bisschen dafür schämten.

Einmal hatte ich bei einer Party hinters Sofa gekotzt. Zum Glück sah mich dabei keiner. Und zum Glück kannte mich keiner so wirklich auf dieser Party. Ich war über drei Ecken eingeladen und bin einfach abgehauen. Natürlich wusste ich, dass das am nächsten Morgen irgendwer entdecken und sich ekeln würde, weil er wegputzen muss, was ich hinterlassen habe. Ich hätte am nächsten Vormittag nochmal vorbeigehen müssen, um mich in aller Form dafür zu entschuldigen.

Aber ich hatte eine viel bessere Idee. Ich dachte an die

alten Lehrer und Chefs und andere Arschlöcher, die mich dafür hassten, dass ich jünger war als sie. Ich stellte mir vor, ich wäre einer von ihnen. Ich würde tatsächlich nochmal hinfahren zu der Wohnung mit der Party. In meinem Dienstwagen, den ich noch schnell auf Firmenkosten volltanken ließe. Ich würde ein kariertes Kurzarmhemd tragen, das ich im Eingangsbereich von Peek & Cloppenburg entdeckt hatte und in zehnfacher Ausführung besaß. Es passte mir zwar nicht sonderlich gut, war aber perfekt von *meiner Regierung* aufgebügelt worden. So nannte ich meine Frau scherzhaft, weil ich sie insgeheim nicht leiden konnte. Ich klingelte, die Gastgeberin ließ ich stehen, es hatte mich hier schon gestern keiner gekannt, dann störte es ja auch heute keinen, dass ich vorbeischaute, um mir selbst ein Bild zu machen.

Drinnen wuselte ein Haufen peinlicher Kinder herum, die wahrscheinlich noch nie in ihrem Leben gearbeitet hatten, aber schon von Burnout redeten. »Dafür hättet ihr ja überhaupt mal brennen müssen«, sagte ich laut in die Runde und war direkt beleidigt, weil keiner lachte. Mein Gott, es sah ja aus, als hätte hier eine Bombe eingeschlagen. Dass mir das Bierglas runtergefallen war und ich die Scherben unter den Teppich gekickt hatte, musste ja keiner wissen. Ich holte erstmal mein Smartphone raus (privat nannte ich es gerne *Dummphone*), klappte meine Echtlederhandyhülle zur Seite und machte genüsslich ein paar Erinnerungsfotos von den Grünschnäbeln. Natürlich im Querformat. Das Sofa war bereits nach vorn gerückt, dahinter kniete einer und schrubbte. Moment mal! Putzte der Frischling da mit einem Schwamm meine Kotze weg? Nicht zu fassen! Der benutzte einen biologisch abbaubaren Naturschwamm – aus Hanf! Das erklärte ja einiges. Das musste ich festhalten. Später werde ich den Schnappschuss mit der Bildunterschrift »Unsere Zukunft bei der Arbeit ;)« in meinen WhatsApp-Status hochladen. Der Typ hinter dem Sofa, das war so einer von denen, die mir meinen Grillabend ruinierten, indem sie meine Nackensteaks in roter Marinade heimlich durch gefüllte Paprika austauschten. Ich hatte genug gesehen. Außerdem musste ich los. Termine, Termine, kennt ihr verwöhnten Gören gar nicht, ne? Also, *Bundesgartenciao. San Franschüssko.*

Mit meinem Firmenwagen fuhr ich in ein TV-Studio, ich wurde eigentlich zu allem eingeladen, weil ich zu allem eine Meinung hatte. Niemanden störte, dass ich mir die oft erst live bildete, denn in der Runde waren alle so alt und mit so viel gesundem Menschenverstand gesegnet wie ich. Schließlich holte ich mir den fettesten Applaus der Sendung ab, als ich die Fotos einspielen ließ, von diesem Typen und seinem Naturschwamm und meiner Kotze, und in meiner unendlichen und unumstößlichen Weisheit urteilte: »Früher, bei uns, wurde noch viel mehr gesoffen!«

So fühlte es sich an, mit der Welt umzugehen, die die Alten uns hinterlassen haben. Als würden wir dafür ausgelacht, nach einer Party aufzuräumen, zu der wir nicht mal eingeladen waren. Ich fragte mich oft, woher ihre gnadenlose Härte und Verachtung für junge Menschen kam. Gleichzeitig wunderten sie sich, warum wir untereinander über sie lästerten, anstatt sie zum tausendsten Mal erfolglos darauf hinzuweisen, dass wir mittlerweile um die 30 waren – und sie uns noch immer wie Kinder behandelten.

Ich schaffte das doch auch. Ich nahm meinen Vater ernst. Wenn er erzählte, dass er meine Schwester nicht

mehr im Sandkasten spielen lassen durfte, als das Atomkraftwerk in Tschernobyl explodiert war. Dass er keinen
Salat, keine Tomaten und keine Champignons kaufen
durfte, weil die womöglich radioaktiv verseucht waren. Nie
im Leben wäre ich doch auf die Idee gekommen, vor ihm
einen imaginären Regenschirm aufzuspannen und ihn
nachzuäffen: »Mimimi, der saure Regen, mimimi, wie gru-
selig, wenn der mir die Haut von den Knochen brennt. Heul
doch!«

Mir sagten die Alten, mein Vater zum Glück nicht, aber
viele, die so alt sind wie er, Chefs oder Eltern von Freunden,
ich solle mich nicht so haben. Mich nicht so anstellen.

»Du hast ein Dach über dem Kopf.«

Für das ich 20 Euro pro Quadratmeter zahlte, wenn ich
überhaupt eines in der Stadt fand, in der ich gerne leben
wollte.

»Du isst jeden Tag eine warme Mahlzeit.«

Seit dem Ukrainekrieg machte ich manchmal die Augen
zu, wenn ich an der Supermarktkasse bezahlte. Ich hielt
nur die Karte hin. Ich wollte die Summe gar nicht sehen, die
da stand.

»Du kannst einmal im Jahr ans Mittelmeer fahren.«

Das einst ein Sehnsuchtsort gewesen ist. *Caaar-bo-na-ra e
una Coca-Cola!* Die reinste Unschuld. Stand ich nun mit den
Füßen im Mittelmeer, dachte ich an die Boote, die darin
kenterten. Boote voller Menschen, die ein besseres Leben
suchten. Ich schwamm im größten Massengrab der Welt,
in das jeden Tag neue Menschen hineinstarben.

»Du müsstest nur aufhören, ständig Avocadotoasts zu
essen, und dein Netflix-Abo kündigen. Dann könntest du
dir auch ein Haus kaufen.«

Dass sie sich von ihrem Einkommen mehr leisten und mehr sparen konnten, als sie so alt waren wie wir, dass Häuser ein Vielfaches weniger gekostet haben – Kopfschütteln. Sie haben sich das alles mit Blut, Fleiß und Tränen erkämpft. Und ich war selbst schuld, wenn ich nicht mit Geld umgehen konnte.

»Irgendwer auf der Welt hat es immer schlechter als du.«

Das stimmte sogar. Aber es konnte doch kein Ausweg sein, dass wir uns so lange nach unten verglichen, bis wir nicht mehr fühlen durften, was wir nun einmal fühlten.

»Komm erstmal in mein Alter, dann siehst du die Dinge anders.«

Der deprimierendste Tag meines Lebens war der, an dem ich meinen ersten Rentenbescheid bekam. Ich sah die Summe, von der ich einmal leben sollte. Es war nicht einmal so viel wie meine aktuelle Monatsmiete. Die Rente – auch so was, das lange funktioniert hat. Wenigstens für die, die sie sich ausgedacht haben. Die Alten kriegten Geld, das die Jungen einzahlten. Und nun, vermutlich genau dann, wenn wir dran sein werden, würde es kippen.

Das wusste eigentlich jeder, aber statt kollektiv oder gar politisch für ein neues System zu kämpfen, sagten die, die etwas hätten ändern können: »Pech gehabt.« Das war die ziemlich dürre Entschuldigung der Alten. Sie nahmen uns in die Pflicht. Wir müssten halt privat vorsorgen. Wie wär's denn mit Aktien? Oder anderen Finanzprodukten, die meine Eltern einmal fast ihren Wohlstand gekostet haben, als sie das Familienvermögen in der T-Aktie versenkten – und während der Finanzkrise den Wohlstand großer Teile der Mittelschicht, und dann nach der Bankenrettung die staatlichen Krisenreserven?

Wenn ich ehrlich war: Meine Altersvorsorge bestand in der Hoffnung, dass eines Tages die aktive Sterbehilfe legalisiert werden würde.

Geh doch mal raus

Als Kind war ich durch unser Dorf gelaufen und hatte an Türen geklingelt. *Darf Malte rauskommen?* Im Studium gab es eine WG, die mehr eine halböffentliche Kneipe war. Habe ich dort geklingelt, saß immer schon irgendwer in der verrauchten Küche und zeigte auf den angebrochenen Bierkasten des Tages.

Aber seit wir alle einen Job hatten, eine 40-Stunden-Woche, sahen wir unsere Freunde höchstens einmal pro Quartal.

»Hey, ich vermisse dich wirklich, hast du im November Zeit? Nee? Okay, im März? Na ja, nächsten Sommer heiraten ja Esra und Toni, da sehen wir uns dann, oder?«

In der Pandemie hatten wir damit aufgehört, gemeinsam zu erleben, was einmal unsere Erinnerungen werden würden. Zwangsweise. Aber die wenigsten haben danach wieder richtig damit angefangen. Auf Instagram sammelten und beweinten wir unsere Einsamkeit. Ein digitaler Flashmob der Einzelgänger. Vielleicht war das die bitterste Neuerung der postpandemischen Zeit. Diese Neudefinition von Freundschaften unter Erwachsenen.

Schafften wir doch einmal, uns vor der nächsten Hochzeit zu treffen, führten wir ein Was-bisher-geschah-Intro einer Serie auf. Ein gegenseitiges Update. Arbeit, Liebe, Angst, bisschen deutsche Politik, bisschen Exzess. Auf einmal waren die drei Stunden um, die wir uns extra geblockt hatten.

Das war nicht neu. Seit es Menschen gab, fühlten sie sich einsam. Früher aber suchten sie sich andere Menschen, denen es genauso ging. Sie haben sich an Orten verabredet, an denen sie spürten: Dort gehöre ich hin. Hier sind wir zusammen weniger allein.

Meine Lieblingskneipe, die einmal so ein Ort war, genau wie das gesamte Viertel, in dem sie stand, beschäftigte neuerdings einen Silencer. Jemanden, der nur dafür da war, dass er *Pscht* machte und streng auf die Fenster oben zeigte, in denen kein Licht mehr brannte. Ja, sorry, dass ich draußen so unausstehlich laut rauchen musste, weil es drinnen verboten war.

Unsere Städte waren zu porentief reinen Freiluftmuseen verkommen, in denen man sich an die Hausordnung zu halten hatte. Überall hieß es: leise sein. Denn jemand mit viel Geld, der überall wohnen könnte, wollte unbedingt in einem *lebendigen Szenekiez* wohnen. Im Exposé des Maklers hatte das *fancy* geklungen und erst vor Ort stellte der neue, vielbeschäftigte Mieter fest, wie dringend er seine Ruhe brauchte. Wenn sie ihn um seinen Schlaf brachten, war er gezwungen, Kitas und Kneipen rauszuklagen.

Wie sollte eine Stadt da ein Zuhause werden? Eines, um das ich mich kümmern wollte. Vielleicht sogar gemeinsam mit anderen, damit wir alle es uns darin zusammen schön machten?

Eigentlich müsste ich damit anfangen, mein Viertel gewissermaßen pädagogisch runterzurocken. Ich müsste mir beibringen, wie ich Botschaften großflächig an Häuserwände spraye. Ich müsste mir beibringen, wie eine Motorsäge funktioniert, und das wegflexen, was sie defensive Architektur nennen. Die Sprinkleranlagen, die Junkies vertreiben. Die Armlehnen von Sitzbänken, die obdachlose Menschen daran hindern, nachts darauf zu schlafen. Die Mosquito-Sirenen gegen Jugendliche.

Eigentlich müsste ich aus der Stadt wieder eine Stadt machen für die, die davon mehr erwarten als eine Fußgängerzone mit Zara und Five Guys. Ich müsste die letzten deutschen Punks einladen, ihnen täglich zwei Kisten Bier hinstellen und sie mit ihnen austrinken, während wir gemeinsam brüllen: DIE STADT GEHÖRT DENEN, DIE DRIN LEBEN! Nicht den reichen Pendlern, nicht den Investoren. Nicht denen, die sie zu einem Ort machen, an dem keiner seinen Nachbarn kennt und ich sogar fürs Pissen Geld zahlen soll, während die meisten Menschen, die sich eine Opernwohnung im Zentrum leisten, gerade in der Karibik weilen, in St. Moritz, auf Sylt. Und wenn sie doch mal da sind, lassen sie sich ihre Essen und Einkäufe von nepalesischen Bullshitjobbern an die Haustür liefern, sprechen mit niemandem außer mit der Polizei.

Eigentlich müsste ich den verdammten SUVs in meiner Straße die Spiegel abtreten. Einen nach dem anderen, dabei tanzen im Beat der Alarmanlagen. Wie ich sie hasse, diese Menschen, die so ein verschissenes Drei-Tonnen-Ding kaufen und dabei denken: Das ist ein herrliches Stadtauto. Oder: Ach, wozu haben wir eigentlich auf beiden Seiten einer Straße Fußwege? Wenn einer davon weg wäre, könnten wir noch mehr und noch größere SUVs in die Stadt stellen. Denen sollte ich die Reifen aufstechen. Dann kommen sie zwar erst recht nicht weg, aber wenigstens wäre dann klar: Die Stadt gehört denen, die sie bewohnen.

Eigentlich bräuchte es wieder Fight Club, wieder Die fetten Jahre sind vorbei oder – ähm, danach gab es keinen einzigen großen Film, der sich anfühlte, als würde er unserer Wut ein Gefäß geben.

Wir waren einsam. Wir hatten keine Hobbys, bei denen wir Menschen trafen. Wir hingen enorm viel im Internet rum. Wir sammelten nichts, wir gingen weder regelmäßig bowlen noch zur Skatrunde. Sport machten wir nicht mehr wie früher in einer Mannschaft, wir joggten. Wir fuhren Touren mit dem Rennrad durch das menschenleere Umland. Im Fitnessstudio trugen wir Kopfhörer. Nicht, dass wir noch mit irgendwem reden mussten.

Wir gingen nicht in die Kirche, wir waren ziemlich gottlos. Was eigentlich ziemlich dumm war: Bestimmt wären wir dem Diesseits souveräner begegnet, wenn wir an ein himmlisches Jenseits geglaubt hätten. Manche mochten Christian Lindner. Andere mochten Annalena Baerbock. Ihren Parteien traten wir trotzdem nicht bei.

Dabei änderte sich, anders als wir vielleicht einmal gehofft hatten, überhaupt nichts, indem wir eine Onlinepetition gegen Kindersoldaten oder Uploadfilter unterschrieben. Außer uns selbst interessierte es niemanden, dass wir unser Profilbild regelmäßig *solidarisch* einfärbten. Wir merkten nicht, dass es zu wenig war, einmal im Jahr auf eine Demo zu gehen und uns staatstragend und gut und richtig zu fühlen. Und zu wenig, einmal im Jahr die Nummer vom Kältebus zu posten und zu hoffen, dass obdachlose Menschen in unseren Städten nicht erfroren.

Aber wir waren nun einmal auch diejenigen, die verinnerlicht hatten, wir müssten unsere Probleme mit uns selbst ausmachen. *Dann geh doch zur Therapie!* Dabei waren es Probleme, dir wir alleine niemals lösen würden. Am Ende verachteten wir sogar die, die genau das versuchten. Wir hassten Menschen, die streikten. Anstatt die Manager zu hassen, wegen denen sie streikten. Was glaubten diese Fluglotsen und Lokführer denn eigentlich, wer sie waren, dass sie unsere Urlaube ruinieren durften?

Die Mitgliedschaft in einer Gewerkschaft klang für uns nach Willy Brandt, Wackeldackel auf der Hutablage nach Wetten, dass..? Wir glaubten, dass wir gegen unsere enorm lässigen Chefs, die wir duzen durften und mit denen wir uns nachts auf der Bürotoilette beim Koksen denselben Zwanziger in die Nase steckten, gegen diese Chefs müssten wir doch keinen Betriebsrat gründen. Wir müssten uns nur genug anstrengen. Bis möglichst knapp vor den Burnout schuften und währenddessen unseren Freunden so oft absagen, bis sie uns fast nicht mehr erkennen würden, wenn wir uns doch einmal sahen.

Auf die großen Entwicklungen haben wir überhaupt keinen Einfluss und kontrollieren uns selbst deshalb nur umso strikter. Da haben wir alle Möglichkeiten.

Wenn ich einen unförmigen Körper habe, kann ich *meinen Body* trainieren. Wenn mein Gesicht nicht stimmt, kann ich darauf sparen, mir die Jawline neu definieren zu lassen. Altersvorsorge, Klimawandel, die deutsche Wirtschaft – solange ich mich um mich kümmere, habe ich alles in meiner Macht Stehende getan. Meine Zukunft, meine Verantwortung.

Wenn ich ein Langweiler bin, kann ich mir den Thrill buchen oder Adventures, die mich für andere interessant machen. Bin ich traurig, kann ich ein Tagebuch führen, in dem ich Dinge aufschreibe, für die ich dankbar bin. Es gibt Therapie und Pillen, die meinem Gehirn sagen: Du bist glücklich. Worüber beschwere ich mich eigentlich? Genau darüber: über dieses ständige Ich ohne ein Wir.

Wie lautete der gemeinsame Traum, der darüber hinausreichte, einen Punkt auf meiner persönlichen *Bucket List* abzuhaken? Eine Meisterfeier des BVB am Borsigplatz in der Dortmunder Nordstadt. Die Nordlichter auf Island sehen und die Originalschauplätze von Der Herr der Ringe in Neuseeland – meine Träume waren vor allem dafür da, dass ich sie in meinem Lebenslauf oder meinen Instagram-Highlights verewigen könnte.

Wir hatten zeit unseres Lebens gelernt, uns als Konkurrenten zu sehen. Auf dem Arbeitsmarkt, dem Datingmarkt, dem Freizeitmarkt. Eins gegen eins als Dauerzustand, die maximale Spaltung von Menschen bis ins nicht mehr teilbare Individuum. *Liebe dich selbst. Kauf dich glücklich. Es gibt für alles eine App.* Aber keinen Traum, den wir gemeinsam träumen. Immerhin hatten wir einen Albtraum zusammen geträumt: eine globale Pandemie, die Millionen Menschen tötete und uns drei Jahre unseres Lebens raubte.

Die Letzten, die mir noch eine Gesellschaft versprachen, die millionenfach besser sein würde als die vorhandene, waren entweder Faschisten oder Techbros aus dem Silicon Valley. Oder eine Kombi aus beiden.

Utopie eins: Zusammen den Reichstag stürmen und Politiker standrechtlich erschießen.

Utopie zwei: Zusammen ins Metaverse flüchten.

Ich stellte mir vor, wie ich in einem dieser japanischen Sarg-Hotels liege. Über eine Magensonde strömen alle notwendigen Nährstoffe in mich hinein. Was davon übrig bleibt, fließt durch einen künstlichen Darmausgang automatisch wieder ab. In meinem Metaverse kann ich wohnen, wo ich will, ohne mich über Quadratmeterpreise zu sorgen. Wenn ich will, kaufe ich beim Metzger von früher ein und kriege ein Wiener Würstchen auf die Hand. Mein Oldesloer-Doppelkorn-Nachbar vom Krabbenpulen hätte keine Leberzirrhose bekommen und könnte mich weiter mit neuen witzigen Sprüchen versorgen. Ich kann selektiv Erinnerungen löschen, die ich nicht mehr haben will. Die an rotten.com. An die zerquetschten 20-Jährigen auf der Loveparade. An die Kinder, die geflüchtet sind und tot am Mittelmeerstrand angespült wurden.

Die Bilder sind weg. Gelöscht. Überschrieben durch schönere. Wie ich mit Megan Fox ausgegangen bin, die das legendäre Outfit aus Transformers trug und mich angehimmelt hat, als ich von LAN-Partys in Maltes Keller erzählte. Es gibt in meinem Metaverse keine Faschisten, keine Überschwemmungen oder Extremwetter, es scheint immer die Sonne bei angenehmen 25 Grad, die der Chip in meinem Kopf dem Gehirn simuliert. Ich muss nicht mehr selber denken, weil das eine superintelligente KI ohnehin besser kann als ich. Sie führt mich an digitale Abbilder echter Orte. Es ist wie in der Pandemie, nur viel, viel geiler. Sagt mir der Chip.

Ich treffe dort Menschen, die ich früher – im analogen Leben – mochte: als Avatare. Wir gehen zu einem Metaverse-Konzert und jeder hört Musik, die der Algorithmus für ihn als maximal angenehm errechnet hat. Was die anderen hören, ist mir egal, in meiner Simulation tanzen sie genauso dazu wie ich. Mein Chip simuliert mir nach vier Metaverse-Bieren, dass ich einen sehr angenehmen Pegel habe. Als eigens zubuchbaren Content kann ich vor meinen Freunden kotzen, weil mir diese schöne neue Welt so gefällt.

¬

Zehn Minuten Mickie Krause auf Kopfhörern. So laut es geht. Das half immer.

Ich selbst war noch nie am Ballermann, aber mich erinnerte diese Musik an die Gemeinschaft im Stadion. Mit zehntausend anderen Idioten das gleiche Idiotenlied singen. Und daran, auf dem staubigen Campingplatz eines Musikfestivals trichterweise Bier zu schlucken. Wenn man sich gemeinsam hochschaukelte, verschwammen die Grenzen der Einzelnen. Benahmen sich alle daneben, benahm sich keiner daneben. In einem Wir konnten alle diejenigen sein, die sie allein nicht sein konnten.

Lange hatte ich meine Liebe zu Malle-Songs geheim gehalten, damit ich nicht für einen prolligen Assi gehalten wurde. Nach der Pandemie war das anders. Wir waren frühvergreist, frühreife Nostalgiker. Schlug ich nun vor, diese Songs zu hören, guckte keiner mehr irritiert. Alle waren begeistert.

Es ging in diesen Songs um einen abgeschlossenen Kosmos, in den kein einziges Problem dieser Welt hineindarf. Das Einzige, was zählte, war Saufen und Ficken – genau das, was uns fast drei Jahre lang verboten war. Dass wir es auf die stumpfeste aller möglichen Möglichkeiten nachholten, mit Malle-Songs, war da nur folgerichtig.

Es war eine Gegenbewegung. Es war Trotz. Die Musik, zu der wir früher rebelliert hatten, hörten wir heute zum Kloputzen. Den Kater schleppten wir zwei Tage mit und vom

Slutdrop zu *Get low low low low low* kriegten wir einen Hexenschuss. Den original Renault Twingo, unser erstes Auto und bewährtes Transportmittel in andere Städte zum Feiern, fuhr man mittlerweile mit historischem Kennzeichen. Der Twingo war offiziell zum Oldtimer geworden.

Rapper, die geboren wurden, als wir zum ersten Mal saufen gingen, fingen an, unsere Songs zu samplen. Einer klaute den Beat von MGMTs *Kids*. Dödödödödöödödödöööö. Einer coverte *Teenage Dirtbag*. Alle zitierten Peter Fox und Pashanim den *Sonnenbankflavour*.

Hautcreme, Haarwachs, Nikotin, Alkohol / Alle Kids überall gehen raus, Halbe holen

Für Teenager war unsere Jugend ein Sehnsuchtsort in der Vergangenheit geworden. Mit ihrem Blick werteten sie auf, was wir erlebt und gemacht hatten. Und ich fand das wirklich lieb von ihnen.

Darüber konnte man sich aber auch fürchterlich alt fühlen. Viele von uns benahmen sich längst wie unsere eigenen Eltern. Über die hatten wir uns lange (und zu Recht!) lustig gemacht, weil sie den ganzen Tag Bayern 1, NDR2 oder WDR2 hören wollten. Zum millionsten Mal die gleichen Lieder. Die guten von früher. Und nun hörten wir selber die größten Hits der Neunziger und Nullerjahre. Das Beste von heute? Das konnte uns mal. Der überwältigende Teil von uns würde wohl mit seiner aktuellen Lieblingsmusik ein Leben lang haushalten.

Die Ausnahme war, dass sich manche von uns auf einmal *Swifties* nannten. Und es war auch eine tröstliche Vorstellung, in 50 Jahren unsere Enkel zu bitten, Tickets für die letzte Tour von Taylor Swift zu besorgen, bevor es ins Altersheim ging.

It's me, hi / I'm the problem, it's me / At teatime, everybody
agrees / I'll stare directly at the sun but never in the mirror

Vor der Pandemie dachte ich, die besten Tage lägen noch
vor uns und die Nacht der Nächte. Sie kamen nie. Sie wurden übersprungen.

Jeden Freitag spürten wir die Distanz, die daraus entstand. Zwischen denen um die 30, die ihr Leben wie eine
ewige Spätpubertät lebten – und denen, die brunchen gingen. Die ihren Frieden mit der Frühvergreisung gemacht
hatten. Manchmal sogar verpackt in solide Gründe: das
erste Kind, der fordernde Job, das Eigenheim am Stadtrand.
Von da sind wir total schnell in der Stadt.

Manche wechselten die Seite wieder. Wenn die erste
Karriere oder die Liebe aus der Abiklasse doch nicht die
fürs Leben war, kehrten sie zurück zu denen, die nie aufgehört hatten zu saufen, dippen, ziehen und zu schmeißen.
Manchmal taten wir das, weil es lustig war. Meistens aus
Notwehr. Damit das Gehirn endlich mal die Schnauze hielt,
wenigstens bis vier Uhr morgens, wenn wir wieder alleine
zu Hause im Bett lagen und so lange scrollten und scrollten,
bis wir endlich einschliefen.

Wir lebten und feierten das Leben in unterschiedlichem
Tempo. In anderer Intensität. Wir taten das oft aneinander
vorbei, weshalb die einen die anderen für bekloppt hielten
und umgekehrt. Darüber wurden aus engen Freundschaften wieder lose Bekanntschaften.

Wenn es doch mal klappte, meistens an dem Wochenende, bevor einer von uns heiratete. Wenn wir uns dabei auf
etwas einigen wollten, in einer Welt, in der wir uns eigentlich auf nichts mehr einigen konnten, waren Hits von der
Playa oftmals der letzte gemeinsame Nenner. Weil das

Glück manchmal nicht mehr brauchte als fünf einfache Wörter. *Der Zug, der Zug, der Zug hat keine Bremse!*

Einmal schafften wir es noch, uns zu verabreden. Nicht für eine schnöde Spotify-Mallorca-Playlist in der Küche von einem von uns. Nein – um in einen echten Club zu gehen! Zu sechst! Die ganze Nacht! So wie früher! Keiner musste sein Handy im Blick behalten. Nicht einmal Esra hatte morgen eine Deadline, wegen der sie um eins leider raus war. Vorglühen, die Fahrt zum Club, Schlange stehen, Türsteher, Garderobe. Alles so weit normal. Fast wie früher, als wir die zu Hause angesetzte Mische im Gebüsch gegenüber versteckt hatten und untereinander die Ausweise getauscht, damit wir alle reinkamen. Als wir uns die Handrücken mit Labello einschmierten, um mit dem frischen Stempel direkt wieder rauszugehen und Hände auf Hände zu drücken, so doll es ging.

Aber warum war es an diesem Abend eigentlich so verdammt leise? Musste daran liegen, dass wir frühvergreisten Anfangsdreißiger noch vor Mitternacht da waren. Esra grinste. Hielt uns Kopfhörer hin. Besser für die Nachbarn, sagte sie. Und für uns. Ja, wirklich, total cool, es gebe zwei DJs, sagte Esra, die zwei Kanäle bespielten: Nullerjahre Throwback auf einem. Latin Pop auf dem anderen. Die dümmste Erfindung, seit diese farbenfrohen Holi-Festivals in deutsche Unistädte importiert wurden: Silent Disco.

Destiny is callin' me / Open up my eager eyes / 'Cause I'm Mr. Brightside

Natürlich sang ich das mit, ich schaute zu Esra rüber, damit wir uns den Refrain gegenseitig ins Gesicht schreien konnten. Sie sang auch. Aber ganz offensichtlich nicht die

Killers. Sondern – das hörte ich, als ich die Kopfhörer kurz absetzte – irgendwas auf Spanisch, das ich weder kannte noch verstand. Esra sprang wild rum, sie warf die Arme in die Luft und johlte in die Stille. Auf meinen Ohren begann eine Kuschelballade.

Wer Kopfhörer trug, konnte sich nicht ins Ohr brüllen, OB DU AUCH NOCH WAS VON DER BAR WILLST. Auf so einer Party würde sich ohnehin keiner ansprechen. Sich sympathisch finden, womöglich ein bisschen knutschen und zusammen nach Hause gehen. Wir konnten ja nicht mal mit denen sprechen, mit denen wir hergekommen waren. Aber immerhin: Wir störten keine Nachbarn. Wir waren ganz leise. Und ganz allein. Jeder für sich. Wir hatten es wirklich geschafft, auf dieselbe Party zu gehen und trotzdem aneinander vorbeizufeiern.

⌐

Sie stand da, total ironisch gemeint natürlich, was aber nichts daran änderte, dass sie wirklich dort auf meinem Küchentisch stand. Eine Benjamin-Blümchen-Geburtstagstorte. Sahnebällchen mit buntem Zuckerkonfetti. *Alles Gute zum Dreißigsten!*

Ich pustete die Kerzen aus. Meine Freunde machten: »Töröööööö.« Wie sie da so ihre Erdbeer-Schoko-Sahne-Torte löffelten, fiel mir auf: Wir aßen wirklich oft wie die Kinder, die wir einmal gewesen waren. Einen ganzen Eimer Ben & Jerry's zum Mittag. Abends Dino-Nuggets. Auf der Couch. Nicht am Tisch wie spießige Erwachsene.

Machten wir Roadtrips, sah der eilig an der Tankstelle zusammengestellte Reiseproviant immer aus, als hätte ein

Zehnjähriger unbeaufsichtigt mit dem Portemonnaie seiner Eltern eingekauft. Natürlich fuhren wir unterwegs bei McDonald's raus. Ein Großkonzern, der Müllfleisch aus Massentierhaltung verkauft – voll schlimm. Jeden anderen Tag als heute.

»Was kostet ein Chickenburger?«

»Einen Euro.«

»Und der Cheeseburger?«

»Auch einen Euro.«

»'ne Coke?«

»'nen Euro.«

»Deine Handynummer?«

»'nen Euro.«

»Okay, alles zum Mitnehmen bitte.«

Elf Produkte für einen Euro. Das große McDonald's-Einmaleins war mein erstes Sternemenü. In der Schule machten wir einen Wettbewerb daraus. Wer konnte verschwenderischer mit seinem Taschengeld umgehen? Fünf Cheeseburger? Nicht schlecht. Aber natürlich würde ich das überbieten. Ich ging an den Tresen, drehte mich noch einmal zu den Jungs um und bestellte.

»Einmal, Achtung, 20 Chickenburger, bitte. Ja, wirklich: 20 Chickenburger.«

»Jaaaaaa, Alter!«

Damals war es mir scheißegal, wenn mir nach der Hälfte schon schlecht war und ich die Reste wegwarf. Das gehörte zum guten Protzen. Nie fiel mir ein, mal einen der Jungs aus der Schule einzuladen, der immer Ausreden erfand, warum er nicht mitkam. Obwohl alle wussten, dass er kein Taschengeld hatte.

Die Filialen sahen einst aus wie gebäudegewordene Hap-

py Meals. Die riesige Rutsche, die bunt bemalten Garten-
zäune, und überall grüßte breit grinsend Ronald McDonald.
Als Kinder hatten hier unsere Geburtstage begonnen, mittlerweile endeten sie hier spätnachts. McDonald's war unser
großer kulinarischer Begleiter.

Was kostete die Welt? 'nen Euro.

Das McDonald's-Einmaleins haben sie abgeschafft, die
Mitarbeiter durch Automaten ersetzt und die Filialen umgebaut. Nun sahen sie genauso aus wie wir: erwachsen,
grau und deprimiert.

Unsere Jugend war unermesslich lang, wir fingen teil-
weise erst mit 30 an zu arbeiten. Und doch haben wir nicht
genug davon bekommen. Deshalb, nur deshalb, quetschten
wir den letzten Rest aus ihren Ausläufern heraus.

Rufus Beck las uns zum tausendsten Mal Harry Potter
vor, wir ließen uns von Justus Jonas in den Schlaf rätseln.
Wir kannten das alles auswendig. Vielleicht weil es uns beruhigte. Wir wussten, was passieren wird. Und was nicht.
In deren Highschool kam kein Polizist, der den drei Detek-
tiven erklärte, was sie machen sollten, wenn ein Mitschüler
sie umbringen wollte. In Rocky Beach waren immer Sommerferien. In Rocky Beach flogen keine Flugzeuge in Hochhäuser.

Dieses ganze total ironische Guilty-Pleasure-Selbstver-
hätscheln, das war eine psychosomatische Reaktion auf den
Tag, auf 9/11, an dem für uns der Vorhang fiel und wir die
Welt sterben sahen, wie sie für unsere Eltern gewesen ist.
Eine Schweigeminute für Tote am anderen Ende der Welt.
Ein Tagesschaubeitrag zu einem Tsunami, der Städte und
Leben verwüstete. Und es hörte nicht mehr auf, als wir älter
wurden.

Wir litten an einer Art schwerem Peter-Pan-Syndrom. Wenn wir auswandern würden, dann nach Nimmerland. Dorthin, wo wir uns zum letzten Mal mochten und uns sicher fühlten. Als wir uns noch nicht dafür hassten, nicht zu genügen. Nicht dieser Welt und nicht uns selbst. Obwohl wir doch alles dafür getan hatten zu werden, wie wir glaubten, werden zu wollen.

Bevor du gehst

Für meine, diese Irgendwas-mit-Medien-Branche brauchte
es mehr als Fleiß und Talent. Es brauchte auch eine gewisse
Parkettsicherheit. Man musste um die Regeln wissen, die
es zu befolgen galt. Das zeigte, dass man dazugehörte.
Aber wenn man sie nicht vom Elternhaus mitbekommen
hatte, konnte man sie nur lernen, wenn sie einem jemand
zeigte.

Für mich war es wie das Lernen einer Fremdsprache.
Man verabredete sich zum *Lunch*, nicht zum Mittagessen,
wir waren schließlich nicht bei den Schweinebauern vom
Dorf. Wer nach dem Essen einen Espresso bestellte, wollte
gar nichts gegen die Müdigkeit tun, sondern dem anderen
höflich mitteilen: Reicht dann auch mal, ne. Was wir früher Arschlecken nannten und verachtet hatten, hieß nun
Networken. Muss man machen. Auf eigens dafür ausgerich-
teten Branchenpartys durfte man aber nicht bis zum Ende
bleiben. *Willst du gelten, mach dich selten.*

Auf solchen Feiern gab es die Getränke natürlich frei
Haus. Dazu Häppchen ohne Ende, die man sich auf den Teller stapelte und dabei in eine mögliche Zukunft blickte. Hat

man es erstmal geschafft, kriegt man so gut wie alles umsonst. Wie angenehm.

Aber bis dahin musste ich ständig über Reservoir Dogs reden. Über Jeff Koons oder Dan Flavin. Über Duran Duran und die Beastie Boys. Ich musste mir erstmal mühsam erarbeiten, was diese Menschen mochten, die mir einen Job geben sollten. Ich kannte das alles gar nicht. Und das Seltsame war: Es war wie in der Schule. Alles, worum es ging, war ewig her.

So sehr ich es auch versuchte, so sehr blieben mir Udo Lindenberg, Christian Kracht und Sascha Lobo fremd, wie, sagen wir, Helmut Kohl. Ich verstand deren historische Leistungen. Vernuschelt singen. Mit einem einzigen Buch eine ganze Generation erklären. Geld mit Arbeit im Internet verdienen. Die Wiedervereinigung. Aber es schien sich um einen großen kosmischen Zufall zu handeln, dass die Popkultur ausgerechnet dann am geilsten gewesen ist, als sie so alt waren wie ich selbst.

Einmal wollte ein Chefredakteur, einer von ganz oben, wissen, wer mein Lieblingsphilosoph aus dem 20. Jahrhundert gewesen sei. Er hielt das ernsthaft für eine lockere Smalltalkfrage.

Eigentlich müsste ich zurückfragen, was er denkt, wer mehr für den deutschen Rap getan hat, Haftbefehl oder Moneyboy? Eigentlich müsste ich ihm sagen, dass alle hier sehen, wie beschissen schlecht sein Haar gefärbt ist. Dass er mit seinen weißen Sneakern so richtig hängengeblieben berufsjugendlich aussieht und sich sein Bauchwegshirt unter dem Hemd abzeichnet. Dass er noch so oft sagen kann, er sei Feminist, und nicht merkt, dass es der Kellnerin gar nicht mal so gut gefällt, dass er ihr immer ein wenig zu nahe kommt, wenn er sich den nächsten Veuve Clicquot vom Tablett nimmt.

Machte ich aber nicht. Man biss die Hand nicht, die einen fütterte. Wie damals in der Stadtbäckerei wurde ich auf diesen Branchenpartys ein anderer. Dieser andere hatte eine parkettsichere Meinung zu Jeff Koons auswendig gelernt (total lustig, aber überbewertet!), zu den Beastie Boys (wegweisend!) und zu französischen Existenzialisten (revolutionär!).

Dieser andere blamierte sich auch mal, wenn er sagte, er ziehe einen Grauburgunder jederzeit einem Pinot Grigio vor. Obwohl das eine der italienische Name des anderen war. Aber irgendwann wusste er, wie man sich benahm. Souverän sagte er, er *drehe nochmal eine Runde*, wenn er beim Stehempfang von einem Gespräch gelangweilt war. Und die, die sich zum Mittagessen verabreden wollten und nicht verstanden, warum er anschließend einen Espresso bestellte, fand er sogar ein bisschen peinlich.

ᚱ

Wir arbeiteten für Chefs, die sechsstellig verdienten, aber uns brauchten, um den Anhang einer Mail auszudrucken. Was bei ihnen ehrenwerter Dienst nach Vorschrift gewesen war, nannten sie bei uns *Quiet Quitting* und war gefährlich. Sie redeten von deutschen Werten, von Fleiß, Effizienz und Gründlichkeit, mit denen sich bestimmt hervorragend das deutsche Kaiserreich hatte organisieren lassen.

Thomas, Entschuldigung, Herr Dr. Kleinschmidt, redete am liebsten von Treue. Führungskräfte wie er hatten ihren letzten Arbeitstag da, wo sie als Aushilfe ihren ersten hatten. Das konnte ich sogar verstehen. Für Herrn Dr. Kleinschmidt gab es eine Betriebswohnung, Betriebsrente und

einen Dienstwagen mit Tankkarte. Er konnte günstige Ferien im Urlaubsresort der Firma machen. Und weil er in der
Probezeit nicht geklaut oder dem Chef eins auf die Nase gegeben hatte, wurde er sofort unbefristet eingestellt. Bald
kam das 13. Monatsgehalt. Das Eckbüro, die Vorzimmer-
dame, das Satellitentelefon. Das 14. Monatsgehalt. Projekt-
leiter, Teamleiter, Abteilungsleiter, Karriereleiter, die einfach immer weiter nach oben ging. Ganz ehrlich, würde es
all das, was für einen wie Herrn Dr. Kleinschmidt selbstverständlich war, für uns geben, würde ich vielleicht auch auf
die goldene Krawattennadel zum 50. Dienstjubiläum hin-
arbeiten.

Als Dr. Kleinschmidt in Rente ging, gab es ein großes Fest
für ihn. Sogar der Geschäftsführer kam, hielt eine Rede auf
ihn und Herr Dr. Kleinschmidt fühlte sich zum ersten Mal
in seinem Leben von ihm wertgeschätzt. Dann ging er nach
Hause und schlief ein, sein letzter Tag als Arbeitnehmer,
und wachte auf, sein erster Tag als Rentner.

Schnell verzweifelte er an seiner Freizeit, die er selbst
gestalten wollte. Er hätte sie mit seiner Frau verbringen
können, die er lange viel zu selten gesehen hatte. Doch seit
er sie jeden Tag von morgens bis abends sehen musste,
konnte er gar nichts mit ihr anfangen. Oft saß er deshalb alleine in seinem Arbeitszimmer im Keller, in dem es nichts
zu arbeiten gab. Das Schweigen des Telefons klang nach
Scheitern.

Dieser Amateur. Bekam erst im Ruhestand eine Depres-
sion wegen der Arbeit. Wir bekamen die schon beim Einstieg. Selbst wenn wir gerade mit Freunden an der Bar standen oder an der Adria lagen, beantworteten wir Mails. *Ich
guck nur ganz schnell mal rein.* Ohne Inbox Zero ging niemand

von uns ins Wochenende. Wir erfanden die *Workation*. Arbeiten am Pool, das nannten wir Freiheit. Dabei war es weder gut noch normal, rund um die Uhr erreichbar zu sein und das so verinnerlicht zu haben, dass wir ständig ein Phantomvibrieren in der Hosentasche spürten, wenn eine Deadline nahte.

Wenn uns das überforderte, wenn wir aus Angst oder Panik auf der Bürotoilette weinten, nannten uns Chefs verweichlicht. Wir hielten ja gar nichts mehr aus. Sie nannten uns schwach, besonders wenn wir mit Krankheiten ausfielen, die sie für eingebildet hielten. Marius, der mittlerweile beim Zoll arbeitete, traute sich nicht zur Psychotherapie. Sarah, sie war nun Lehrerin, ging heimlich hin. So ein Eintrag in die Krankenakte, so ein Makel, konnte stören, wenn der Amtsarzt über ihre Verbeamtung als Lehrerin entscheiden würde.

¬

Bei Christian war alles anders. Der war zwar auch Führungskraft im mittleren Management, aber einfach megacool, wie er mit Mitte 40 per Longboard in unser Headquarter fuhr. Bei Christian gab es *Benefits*. Einen Korb mit Bananen und Açaíbeeren. Pünktliche Bezahlung, einen Kickertisch im Aufenthaltsraum. Sogar das Leitungswasser war umsonst und dazu gab es Sauerstoff ohne Aufschlag. Wir hatten eine gemeinsame Vision: Wir wollten diesen Pitch gewinnen.

Diese Chance käme nur einmal, sagte Christian. Dann schmiss er eine Runde Pizza für alle. Er wusste sogar, ohne nochmal nachzufragen, wer Vegetarier war und wer lieber

Salami mochte. Wir fühlten uns so gesehen von ihm, dass wir gerne bis Mitternacht blieben, ohne die Überstunden aufzuschreiben. Ach, die beste Freundin, die wir eigentlich am Abend treffen wollten – die hatte ja nächstes Jahr wieder Geburtstag.

Als wir diesen *Milestone* erreicht hatten, streute Christian eine lange weiße Bahn für jeden auf den Büroküchentresen.

»Willste auch?«

Eigentlich sollte ich Nein sagen. Eine Grenze ziehen statt einer Line. Christian ist nicht mein Freund. Er ist mein Chef. Ich sollte ihm sagen, dass wir zumindest so was wie eine Art kritische Distanz zueinander wahren sollten. Eine Freundschaft mit Machtgefälle funktioniert nicht. Wenn wir wirklich Freunde wären, wäre er für mich da, wenn ich in mein Kissen schreie und mir die Augen wundheule. Aber er kann mich in sein Büro zitieren, wann er will, er kann mich feuern. Er kann mir wehtun und ich kann mich nicht wehren. Weil er mein Chef ist und nicht mein Freund.

»Was ist jetzt? Willste auch?«

Ja, ich will, Christian. Wir waren schließlich eine Familie. Sagte er doch immer. Bald war Mental-Health-Month. Christian spendierte uns ein Retreat. Für mehr Achtsamkeit. Gegen den Stress. Ein ganzes Wochenende Südtirol mit ihm und den Kollegen. Yippie!

Menschen, mit denen wir zusammen den Abschluss gemacht hatten, wurden zum ersten Mal befördert. Andere wollten sich noch einmal *beruflich verändern.* Sie gingen wieder studieren, machten eine Ausbildung, stiegen irgendwo quer ein. Und jedes andere Leben sah in der Projektion besser aus als das eigene.

Wir wollten Kinder, als wir keine hatten. Sobald wir welche hatten, dachten wir manchmal zurück, wie leicht es ohne gewesen war. Manchmal wären wir gerne angestellt gewesen und hätten bezahlte Urlaubstage. Manchmal wären wir gerne sorglos und mutig gewesen, würden uns selbstständig machen und nur noch Ja sagen, wenn wir es ernst meinten. Die anderen hatten es besser, ganz bestimmt. Wir maßen uns dauerhaft mit ihnen und zogen immer den Kürzeren. Genug war nie genug. Warum hatte ich nicht schon mehr erreicht, so viel wie der Typ einen Schreibtisch weiter? Single sein, eine Beziehung haben. Immer das, was wir nicht hatten, war das, was uns am meisten anzog. Vielleicht, nein bestimmt, war das die Pointe des Wettrennens um den perfekten Lebenslauf.

Mein Leben lang hieß es, ich könne alles schaffen, solange ich mich nur genug anstrenge. Oft genug hatte das gestimmt. Oft war das ein guter Antrieb. Hätten wir bloß nicht die Kehrseite genauso verinnerlicht. Wenn wir es nicht schafften, konnte das nur eines heißen: Wir hatten versagt.

Das dachten wir nicht nur bei der Arbeit. Sondern immer. Wenn wir uns verliebten und die andere Person nicht, suchten wir nach unseren Fehlern, nach irgendwas, was erklärte, warum wir gescheitert waren. Wenn wir eine Wohnung nicht bekamen, auf die wir uns beworben hatten, lag das an: uns. Was hatten wir auch für knitterige Klamotten bei der Besichtigung angehabt, warum hatten wir im Anschreiben nicht deutlicher herausgearbeitet, dass wir unbedingt hier, in unserem Traumkiez wohnen wollten. Ich würde mir wahrscheinlich selbst die Schuld geben, wenn mich Mats mit seinem Golf GTI überfahren würde, obwohl er Rot hatte. War ich sogar zu dumm, eine Straße zu überqueren?

Dabei gelang uns eigentlich genug. Wir hatten Ikonen. Wir hatten Lena. Wir hatten Mario Götze. Wir hatten Mai Thi Nguyen-Kim. Wir selbst waren mittlerweile oftmals dort angelangt, wovon wir vor Jahren nur geträumt hatten.

Das Problem war, wir wussten nie, wie wir damit umgehen sollten. Wir schafften es nicht, stolz darauf zu sein. Im Gegenteil. Wir schämten uns. Hielten uns für Hochstapler. Gleich würde ganz bestimmt jemand von einer Bundesbehörde reinkommen, sich die Brille zurechtrücken, eine Liste aus seinem Aktenkoffer ziehen und sagen: »Da ist uns ein Fehler unterlaufen. Sie gehören gar nicht hierher.«

Vielleicht lag es auch daran, dass wir die champagnerfröhliche Angeberei unserer Chefs nicht übernommen haben. Dieses testomäßige Gelaber und die Statussymbole. Fuhr einer von uns nach einer Beförderung mit einem Mercedes AMG vor, hielten wir das für komplett peinlich. Aber uns selbst war es nie gelungen, einen anderen, einen besseren Modus zu erfinden. Unsere Freude klang langsam aus. Sie lief einfach ins Leere. Und am Ende kauften wir uns, wie schrecklich fantasielos, doch wieder Zeug, das uns bestätigte, was wir erreicht haben: die Louboutins, die Omega Seamaster 600.

Wir sagten manchmal, dass wir sauer seien, nie unseren Brief aus Hogwarts bekommen zu haben. Nur ein Spaß, na klar. Aber ein bisschen ernst meinten wir das schon. Es kränkte zu hören, wir müssten nur finden, worin wir besonders wären. Das One-in-a-Million-Wunderkind. Und dann wurde es nur ein normales Leben mit normalen Höhen und normalen Tiefen. Das Besondere fehlte. Das *Special Something*. Und wieder dachten wir, wir hätten versagt.

Kein Wunder, dass die Disneyfilme immer mit einer Party endeten, dem Fest nach dem großen Triumph. Wenn der Held alles erreicht hatte, was er wollte. *Und so lebten sie glücklich bis ans Ende ihrer Tage.* Es wäre zu deprimierend, das Danach zu zeigen. Keiner will sehen, wie Arielle an ihrer Steuererklärung verzweifelt, wie das Eisschloss von Elsa luxussaniert wird und Mulan einen befristeten Vertrag in der Leibgarde des Kaisers unterschreibt.

Niemand, wirklich niemand, war so hart zu uns wie wir selbst. Wir hassten uns besonders, wenn wir uns ausruhten. Wir nannten es Prokrastination. Wir sagten: »Ich habe echt einen unproduktiven Tag.« Dabei waren wir überhaupt nicht an der Produktion von irgendwas beteiligt. Das, was wir taten, hielten wir so gut wie nie in den Händen. Mag sein, es kam uns deshalb so vor, als hätten wir immer nur so getan. Vielleicht war das der Grund, warum unsere Eltern unsere Computerarbeit nicht ernst nahmen. Die hatten ja noch ehrlich im Ruhrgebiet nach Braunkohle gegraben, Autoteile am VW-Band zusammengeschraubt oder Waschmaschinen bei Bosch. Und kriegten zu ihrer Betriebsrente noch Lungenkrebs und vorgefallene Bandscheiben umsonst.

╕

Lange hatten wir geglaubt, dass uns Arbeit zu besseren und glücklicheren Menschen macht. Arno Dübel, *Deutschlands faulster Arbeitsloser*, den wir damals auslachten, war in Wahrheit schon immer klüger als wir. Als er starb, wurde

sein Lebenslauf ohne Arbeit nachgezeichnet, nahezu zärtlich die großen Zitate hervorgeholt.

»Ich gehe mit meinem Hund spazieren, mal den besuchen,
da mal einen Schluck trinken, da geht der Tag auch rum.«

»Im Prinzip habe ich gar nichts gegen Arbeit, nur die
Motivation fehlt mir halt.«

Er hätte uns schon damals für unsere Motivationssprü-
che ausgelacht, die wir uns später schickten.

Dreams don't work, unless you do.

Beyoncé hat genauso viele Stunden am Tag wie du.

Als Esra ihren ersten unbefristeten Arbeitsvertrag un-
terschrieb, schickte sie mir eine Nachricht: »Hab den Job.
Fühle nichts.« Jana lud mich in eine Bar ein, um zu feiern.
Ihre Entfristung war für sie wie ein zweiter Geburtstag. Als
Arbeitnehmerin. Wir feierten, als hätte sie eine Krebs-
erkrankung überstanden.

Sicher waren einige von uns erfüllt von dem, was sie tagtäglich machten. Die meisten von uns aber waren nicht in
einem dieser Berufe gelandet, die wir uns in die Freundebücher geschrieben hatten. Astronaut oder Fußballstar.
Tischlerin, Ärztin oder Tierpfleger. Die meisten von uns befüllten Excel-Tabellen mit Zahlen oder E-Mails mit vorge-
fertigten Versatzstücken. Wir erfassten Zeit, wir evaluier-
ten, budgetierten, tradeten und erstellten Zielgruppen.

Als ewige Praktikanten mussten wir ständig irgend-
welche externen *Seniors* da nochmal drüberschauen lassen.
Im geteilten Kalender poppte der Jour Fixe auf. Da sagten
alle, was sie gerade machten, obwohl das sowieso jeder
wusste. Wir besprachen, ob wir noch einen All-Nighter
brauchten, damit die Präsentation hübsch aussah. Obwohl
wir wussten, dass die sich anschließend nie wieder jemand

anschauen würde. Wir verbrachten Tage damit, E-Mails zu schreiben, die zu Meetings führten, die eine E-Mail gewesen sein könnten. Wir nannten das Hustle Culture.

Eigentlich könnte ich schon mal einen Vorvertrag bei einem dieser Megaunternehmen unterschreiben, die sicherlich bald entstehen werden. MetaAmazon. AppleAlphabet. Diesen Vertrag kann niemand von uns kündigen. Denn darin steht: Ich arbeite bis zum Tod und bekomme kein Gehalt. Dafür darf ich auf dem Campus wohnen, was mich genauso wenig kostet wie die drei Mahlzeiten in der Kantine. Nämlich nichts. Das Essen ist individualisiert und perfekt auf meinen Nährstoffbedarf zugeschnitten. Kein Vitamin zu wenig, keine Kalorie zu viel. Als Taschengeld kriege ich Coins. Die kann ich im Campuskino oder Campusfitnessstudio einlösen. Jeden Donnerstag ist Social Thursday, wo ich mit einer Fremden zusammengelost werde. Mystery Date nennen sie das. Und wir stellen fest, dass wir im gleichen Block des Campus wohnen und unsere Coins gerade auf das Balkon-Upgrade sparen. Wir werden uns verlieben und in der Campuskirche heiraten und ein Kind zeugen, das wir in den kostenlosen Kindergarten schicken, zum Chinesischkurs, auf eine Elite-Universität. Das Unternehmen bezahlt die Studiengebühren. In unserem Schlafzimmer hängt ein Bild des Vorstandsvorsitzenden. In der Mittagspause beten wir davor.

ES IST VORBEI

When the sun shines, we'll shine together / Now that it's raining more than ever / Know that we'll still have each other / You can stand under my umbrella

(Rihanna)

Mir ging es nicht so gut. Es war Samstagabend. Nach der Tagesschau lief Wetten, dass..? mit Thomas Gottschalk. Ich hätte wirklich nicht gedacht, dass ich nochmal vor dem Fernseher sitzen würde, um mir etwas live anzusehen. 20:15 Uhr. Primetime.

Der zweite Pandemiewinter, es war dunkel, kalt und traurig. Ich brauchte ein bisschen heile Welt. Ein wenig Kindheit. Das Gefühl von damals. Eine warme Badewanne voller Schaum. Und dann im Bademantel mit der Familie vor dem Fernseher im Wohnzimmer sitzen und Nutellabrote futtern.

Zehn Jahre war es her, sagte Thomas Gottschalk in Nürnberg. Er wisse, dass sich das Publikum in der Zwischenzeit verändert habe. Er und das ZDF hatten sich deshalb vorgenommen, die Sendung auch für jüngere Zuschauer interessanter zu machen. Ui, dachte ich, wie zuvorkommend. Erst als die Influencerinnen Lisa und Lena, Jahrgang 2002, mitmoderierten, fiel mir auf, dass ich gar nicht gemeint war. Ein junger Zuschauer, das war nicht ich. Das waren Menschen wie Lisa und Lena. Die mit einer Zwei vorne im Geburtsjahr.

Auf der Arbeit war es so ähnlich. Viele Chefs redeten darüber, wie sie in Zukunft für die jungen Menschen alles anders machen wollten. Auf sie zugehen. Ihre Bedürfnisse ernst nehmen. Auch sie meinten nicht mich. Oder die, mit denen ich in den Beruf gestartet war.

Wir waren – irgendwie auch da. Einigermaßen unsichtbar zwischen letzter Befristung und erster leitender Position. Zwischen ewigem Praktikanten und Girlboss. Schon länger waren wir nicht mehr die Jüngsten im Job. Im Homeoffice hatten wir das gar nicht so richtig mitbekommen.

Selbst auf der gigantischen Couch von Thomas Gottschalk war kein Platz für einen von uns. Da saß keine Lena Meyer-Landrut. Kein Mario Götze. Beide hatten in den vergangenen Jahren oft und öffentlich davon erzählt, dass ihnen der frühe Ruhm nicht gutgetan hat. Lena hatte nie wieder einen so großen Hit wie *Satellite*. Mario Götze, das Jahrhunderttalent, dem Jogi Löw vor seinem WM-Tor eingeflüstert hatte, er solle der Welt zeigen, dass er besser ist als Messi – Mario Götze wurde nicht Weltfußballer, sondern bekam eine langwierige Stoffwechselstörung. Und Joko und Klaas, die auf der Couch saßen, waren auch schon um die 40.

Immerhin, da war eine Schauspielerin, Jahrgang '93. Svenja Jung. Obwohl sie die Hauptrolle in einem großen ZDF-Mehrteiler gespielt hatte, wirkte sie wie die Begleitung von Nebendarsteller Heino Ferch. Ihren Namen konnte sich Thomas Gottschalk nicht merken, nannte sie dann einfach Juliane und nötigte ihr als Wetteinsatz ab, mit Heino Ferch eine Szene aus Pulp Fiction nachzutanzen. Ein Film, der ins Kino gekommen war, als Svenja Jung gerade ein Jahr alt war.

Hundewette, Kinderwette, Außenwette. Zwei Frauen behaupteten, Songs anhand der Geräusche zu erkennen, die eine von ihnen mit einer Klobürste in einer Toilette erzeugte.

Klopfklopfratschsplash. Die White Stripes.

Splashsplashklopf. Lady Gaga.

Ratschratschklopfsplash. Ed Sheeran.

Hymnen meiner Jugend, degradiert zu buchstäblichen Scheißsongs. Später sangen noch der sehr alte Udo Lindenberg und die sehr junge Zoe Wees. Er war schon ein Fossil, als mir ein Tsunami mein erstes Lieblingslied genommen hatte. Sie noch nicht einmal geboren, als mir ein Polizist in der Schulaula erklärte, wie ich mich verhalten sollte, wenn ein Mitschüler auf mich zielte. Altersmäßig am nächsten war mir an diesem Abend Helene Fischer.

Seit Thomas Gottschalks letzter Sendung, seit mehr als einem Jahrzehnt, hatte es tatsächlich niemand in unserem Alter geschafft, wichtig genug für ein durchschnittsdeutsches Samstagabendpublikum zu werden.

⌐

Eigentlich ist es die Aufgabe und das Privileg junger Menschen, Neues zu erfinden, das die Alten nervt. Das zu hinterfragen und zu korrigieren, was sie als normal betrachten, bloß weil sie es nicht anders kennen. Uns aber haben sie gut dressiert. Wir haben brav gemacht, was sie gesagt haben. Wir haben unsere Aufgabe nicht erfüllt, es gab für uns vielleicht auch nie den richtigen Zeitpunkt inmitten der dauerhistorischen Sonder-Ausnahme-Krisen-Überbrückungsmoment-Jahrzehnte.

Wahrscheinlich wunderten sich die Alten deshalb nun so über die, die jünger waren als wir. Die sich auf Straßen klebten und schon beim Bewerbungsgespräch nach einer Viertagewoche fragten.

Wir haben nicht die Welt verändert, wir haben nur aufgehört, Hemden zu bügeln. Und uns darauf geeinigt, dass ein paar Falten niemanden stören. In unseren Wohnungen dürfen wir die Basecaps aufbehalten und mit dem Ellenbogen auf dem Tisch essen. Wir kaufen weder Diamanten noch feines Sonntagsgeschirr, das wir sowieso nie benutzen würden. Seit uns der Crazy Frog in Klingeltonabos getrieben hat, sind unsere Handys auf stumm. Wir judgen niemanden, der englische Wörter in deutschen Sätzen benutzt. Wir klatschen nicht mehr im Flugzeug. Um ehrlich zu sein: Wir klatschen für gar nichts mehr. Wir meckern zwar viel, aber so wütend, dass sich alle im Raum empört umdrehen, werden wir nie. Alles oder zumindest ziemlich vieles ist uns mehr oder weniger egal. Immerhin: Wir unterlassen blöde Witze über Frauen, Migranten und queere Menschen. Wir halten es nicht für Charakterstärke, unser Gegenüber in einer Partnerschaft zu unterdrücken. Wir schämen uns nicht für Depressionen und Burnout. Wir therapieren unsere Ängste und Traumata, verarbeiten Kränkungen und Demütigungen, um sie nicht ungefiltert an unser Umfeld weiterzugeben. Oder noch schlimmer: an unsere Kinder. Wir wissen, dass der Wert eines Menschen von mehr abhängt als der Festigkeit seines Handschlags.

Viele von den Leuten, die uns eingeredet haben, auf uns würde keiner warten, der Arbeitsmarkt sei ein Haifischbecken und so weiter und so fort – viele von denen sitzen noch immer in wichtigen Positionen und klagen, dass sie nicht genügend Menschen finden, die für sie arbeiten wollen. Vielleicht haben sie deshalb auch keine Zeit, sich ihre Fehler einzugestehen und sich bei uns zu entschuldigen.

Mir ist es schon unangenehm, wenn ich einer Freundin

einen Film empfehle und er ihr dann nicht gefällt. Zwei Stunden eines einzigen Menschenlebens verschwendet. Meinetwegen. Sie hatten zusammengenommen sicher zwei Millionen Jahre unserer Leben versaut, und das war ihnen vollkommen egal.

Sie denken, die Welt sei noch immer so wie in ihrer guten alten Zeit: als sie noch Kinder waren und Michael Jackson Wetten, dass..? früher verließ, um seinen Flieger zu kriegen. Als es wichtig war, welche Farbe die abgewetzte Barbour-jacke hatte. Als sie anfingen, die Posten einzunehmen, die die Alten ihnen frei machten. Wären wir in so einer Zeit 30 geworden, hätten wir uns sicher mit mehr Leichtigkeit dar-angemacht, Kinder zu kriegen.

Für uns aber ist die Welt schon immer kaputt gewesen. Spätestens seit dem Septembernachmittag, an dem meine Schwester und ich vom Sofa aus zusahen, wie Menschen aus brennenden Hochhäusern sprangen.

┐

Und dann lief noch einmal Wetten, dass..? mit Thomas Gottschalk. Auf der gigantischen Couch seiner letzten Sen-dung – diesmal wirklich, sagte er – war wieder Platz für He-lene Fischer. Die Sängerin, die meinem Jahrgang zwar nahe ist, aber Musik für die macht, die lange vor mir geboren sind.

Sie kam nicht allein. Sie hatte Shirin David mitgebracht. Die Rapperin ist zwar auch ungefähr mein Jahrgang, macht aber Musik für die, die lange nach mir geboren sind. Ge-meinsam sangen sie so etwas wie eine generationenüber-greifende Version von Helene Fischers größtem Hit: *Atemlos*.

Es gibt kein Shaming, keine Vergleiche, keine Konkurrenz /
Wenn du mich 'ne Diva nennst, ist das ein Kompliment / Keiner
darf mir sagen, was ich mache / Dresscode: Regenbogenflagge / Wir
haben gemeinsam, dass wir so verschieden sind

Gottschalk holte die beiden ab und bedauerte direkt, er
müsse ja heutzutage Angst haben, eine Frau auch nur zu
berühren. Der Arme wusste nicht, wohin mit seinen Armen. Auf der Couch angekommen, sagte er zu Shirin David,
er nehme ihr weder ab, dass sie Opern möge, noch dass sie
Feministin sei.

Gleichberechtigung und Zauberflöte und Schönheitsope-
rationen – dass ein Mensch für all das stehen kann, bekam
Gottschalk nicht zusammen. Obwohl Cher danebensaß, auf
die die gleiche Kombination zutraf. Anstatt einfach darüber
hinwegzulächeln, wie Hunderte Frauen auf der Couch vor
ihr, wagte es Shirin David, Thomas Gottschalk zu wider-
sprechen: »Als Feministinnen können wir gut aussehen,
eloquent und gebildet sein.« Ein einziger Widerspruch einer
einzigen Frau sprengte das ganze Format. Hundewette,
Kinderwette, Außenwette. Und dann war es vorbei.

˥

Unsere Eltern hatten das ja auch zum ersten Mal gemacht:
leben. Kinder kriegen. Und für das erste Mal machten sie
das ziemlich gut. Anders als ihre Eltern schlugen sie uns
nicht mehr. Oder wenigstens seltener. Sie zogen uns immer
warm an. Stellten uns genug zu essen hin und gaben uns
Geld, damit wir werden durften, was sie nie werden konnten. Unsere Eltern hatten eine eigene Wärme. Und doch legten sie nie völlig die Kälte ab, die sie von ihren Eltern mitbe-

kommen hatten. Vielleicht kamen wir ihnen undankbar vor? Sie hatten uns so viel mehr gegeben, als sie von ihren Eltern bekamen. Trotzdem begegneten wir ihnen und der Welt nicht so fröhlich lachend wie sie, als sie so alt waren, wie wir es heute sind. Was hätten sie denn bitte schön noch für uns tun sollen?

Vielleicht hätten sie versuchen können ernst zu nehmen, dass unsere Jugend insgesamt unter ziemlich beschissenen Umständen verlaufen war. Zwei Weltwirtschaftskrisen, die es angeblich nur einmal im Jahrhundert geben sollte. Ein Atomkraftwerk-Super-GAU. Eine globale Pandemie. Die Faschisten kamen zurück. Eines Tages würden sie an den Grenzen schießen lassen, um Millionen über Millionen Menschen abzuwehren, die vor Hitze, Flut und Dürre fliehen. Es sah wirklich nicht nach Happy End aus.

Unwiederbringlich.

Es ist kein Zufall, dass dieses Wort so lang ist. Es muss so lang sein, denn nur so versteht man, was es bedeutet.

Un-wie-der-bring-lich.

Silbe für Silbe unterstreicht dieses Wort sich selbst. Das-kommt-nie-wie-der. Ge-wöhn-dich-dran.

Ich dachte ein letztes Mal an den Song von früher. An Juli. Den Regen und das Meer. Die perfekte Welle. Mir war damals nie aufgefallen, wie todtraurig, wie unendlich bitter ihre Songs sind. Vor allem der eine:

Hast du geglaubt, hast du gehofft, dass alles besser wird? / Hast du geweint, hast du gefleht, weil alles anders ist? / Hast du die Scherben nicht gesehen, auf denen du weiter gehst?

Uns wurde die Welt versprochen und es stellte sich heraus: Wir waren die Ersten, denen es niemals besser gehen wird als unseren Eltern. Vielleicht war es trotzdem 'ne geile

Zeit. Aber mit Sicherheit ist sie für uns unwiederbringlich vorbei.

Jetzt kommt es auf die an, die nach uns kommen. Ihnen haben die Alten dieselben Sprüche gedrückt wie uns damals. Faul, schwach, zu nichts zu gebrauchen. Aber sie lachen nur, wenn der Chef Überstunden und Nachtarbeit verlangt. Sie lassen sich nicht einreden, sich *im Job unersetzbar zu machen*. Sie wussten von Anfang an, dass die Welt kaputt ist. Vielleicht sind sie deshalb mutiger. Wer nicht mit falschen Erwartungen ins Leben startet, kann auch nicht enttäuscht werden. Sie haben sich den Ballast, den wir nur langsam abschütteln, gar nicht erst aufgehalst. Und sie hatten mehr Zeit, kritisch zu werden. Das Turbo-Abi war wieder abgeschafft. Die Lücke ist für Personaler heute der interessanteste Teil im Lebenslauf.

Wenn wir Arschlöcher wären, würden wir sie dafür hassen. Sind wir aber nicht. Wir haben es vielleicht aufgegeben, die Welt für uns zu verändern. Das ist feige. Aber eine Chance haben wir noch. Wir können für die Jüngeren die werden, die wir nie hatten: die besten Chefs, Lehrer und Eltern, die wir sein können. Das wäre wiederum ziemlich nett. Feige, aber ziemlich nett – das passt doch zu uns. Es wäre etwas, das uns wirklich stolz machen könnte, unsere größte Lebensleistung, denen nach uns den roten Teppich auszurollen. Damit sie alles werden können, was wir gern gewesen wären.

Dank

Florian Illies für die Geburtshilfe zu diesem Buch, Tobias Haberl und Matthias Landwehr. Meinem Agenten Alfio Furnari, der für mich den perfekten Verlag gefunden hat. Tom Müller, der Tropen leitet und dank dem es ein Buch wurde, das völlig anders ist, als das, was ich eigentlich schreiben wollte. Ein Glück.

Laura Schaper und Julia Matthias, dem gesamten Team von Tropen und allen, die bei Klett-Cotta dieses Buch betreut, gestaltet, kritisiert oder abgefeiert haben.

Lennardt Loß, ohne den ich nicht mit diesem Buch angefangen und ohne den ich es auch nicht zu Ende geschrieben hätte. Danke für alles dazwischen – und jetzt schon mal für alles, was noch kommt.

Adriana Bil, Emeli Glaser und Marcel Laskus, die mich davor bewahrten, mich beim Schreiben zu verirren und immer die besten Ideen hatten, wie es weitergehen soll, wenn ich es nicht wusste.

Ingmar Dietz, Theresa Haugg, Elisabeth Kagermeier, Matthias Kirsch, Hannah Knuth, Robin Köhler und Helena Ott, die ich zu ihrer Jugend ausfragen durfte. Und allen Menschen, die sie uns auf YouTube konserviert haben.

Ich danke dem wichtigsten Menschen von allen: Manfred Seydack, meinem Vater.

Luisa Neubauer, Dagmar
Reemtsma
Gegen die Ohnmacht
Meine Großmutter, die
Politik und ich
240 Seiten, gebunden mit Schutz-
umschlag, farbiger Tafelteil
ISBN 978-3-608-50163-6

Zwei Frauen, 100 Jahre deutscher und europäischer Geschichte – eine Ver- schwisterung über die Generationen

»Meine Großmutter hat sich mit allen Leuten
zweimal zerstritten. Das erste Mal, als die Leute
die Schrecken der NS-Herrschaft zu schnell vergessen wollten. Und dann, als sie die ökologischen
Katastrophen nicht wahrhaben wollten.« Dagmar
Reemtsma ist fast 90, sie ist ein Kriegskind. Ihre
Enkelin Luisa Neubauer ist in Friedenszeiten aufgewachsen, doch ihre Zukunft ist durch die ökolo-
gische Zerstörung bedroht. Sie beide verbindet ihr
Einsatz gegen die Ohnmacht angesichts der Krisen
und Kriege der Welt.

Jan Skudlarek
**Wenn jeder an sich denkt,
ist nicht an alle gedacht**
Streitschrift für ein neues
Wir
240 Seiten, gebunden
ISBN 978-3-608-50178-0

»Jan Skudlarek lädt uns dazu ein, das Kindergartenniveau aktueller liberaler Freiheitsvorstellungen zu überdenken. Es geht um nicht weniger als unsere Zukunft.« *Max Czollek*

Ob Impfpflicht, Abtreibungsverbot, Wehrdienst oder Cannabislegalisierung – ethische Fragen betreffen uns alle. Allgemeinwohl vor Eigeninteresse? Oder: Mein Körper, meine Entscheidung? Der Philosoph Jan Skudlarek erörtert die großen Streitfragen unserer Zeit, deckt gängige Irrtümer und falsche Argumentationen auf und entwirft so eine praktische Anleitung für solidarisches Handeln im Zeitalter der Krisen.

www.tropen.de

Max Strohe
Kochen am offenen Herzen
Lehr- und Wanderjahre
256 Seiten, gebunden mit Schutz-
umschlag
ISBN 978-3-608-50173-5

»In seinem Buch erfindet Max Strohe
die kulinarische Popliteratur.« *Denis
Scheck*

Max Strohe ist Schulabbrecher und Kochlehrling
aus Sinzig am Rhein. Er hat die zweifelhafte Gabe,
alles vor die Wand zu fahren. Zuallererst das eigene
Leben. Er kocht mit offenem Herzen, aber lebt von
der Hand in den Mund. Erst mit fünfzehn begegnet
er seinem Vater, ein Lebemann und unter Antiqui-
tätenhändlern eine Koryphäe. An seiner Seite lernt
er eine Welt kennen, in der guter Geschmack alles
bedeutet. Eine Geschichte beginnt, die so unglaublich wie wahr ist.

»Es ist eigentlich eine Frechheit, dass jemand, der
so kochen kann, dann auch noch so schreibt.«
Sophie Passmann